JN109821

女性が共に、より羽ばたくために

TOGETHER, SHE SOARS

ザ・ドリーム・コレクティブ

はじめに

ザ・ドリーム・コレクティブは、世界で活動するダイバーシティ＆インクルージョン（D＆I）のコンサルタント会社です。私が数年前に始めた会社ですが、今ではオーストラリア、日本、シンガポール、中国、その他多くの都市で事業を展開するグローバル企業に成長しました。

私たちの専門分野としては、女性のリーダーシップを開発していくこと、特に優秀な女性が企業に集まり、その人材が維持され、さらに昇進していくための支援を行っています。私たちがジェンダーの多様性に焦点を当てることにしたのは、調査と経験の両面から、人口の50％である女性をもっと受け入れていく環境を作ることができれば、あらゆるタイプの多様性が恩恵として得られると考えているからです。

２０１７年に日本での活動を開始して以来、私たちは35社以上のグローバル企業や日本企業とパートナーを組み、その企業にとってベストなDEI（Diversity, Equity & Inclusion）を構築するための支援をさせて頂いてきました。ダイバーシティー＆インクルージョンという言葉は日本でもだんだんと浸透してきましたが、今はEquity（公平）という考え方にも焦点が当たり、ＤＥＩ（Diversity, Equity & Inclusion）という、多様な人材を包括できる組織が、公平性の担保も目指すことが大事になっています。公平さに着目することにより、ジェンダーダイバーシティーを促進する上で、女性に同じ機会を与えるだけでなく、元々存在する差を埋め、公平な立場に引き上げるためにどのような機会を作っていく必要があるかという観点でアクションが進んでいるのです。それだけではなく、日本では何千人もの女性のリーダーシップやキャリアアップを加速させることができました。長年にわたり、私たちはクライアントやコミュニティから、組織内のＤＥＩはどう推進していけば成功するのかと質問を受け、様々な企業やリーダーから学びたいという声も多く聞いてきました。一緒に学び、経験を共有することは、より大きな効果を生むからです。

　だからこそ、毎年国際女性デーでは、ＤＥＩの領域で進歩を遂げているクライアントに集まって頂き、彼らの学びや教訓を本書を通して共有しています。また、本書は、ＤＥＩの取り組みに成功した企業の集大成を描いたものではありません――なぜなら、ＤＥＩは継続的な旅であるからです。しかし、本書に登場する全員が、誰もが成功できるように、より多様性に富み、より包括的な職場にするために尽力しています。私たちは皆、やるべきこと、改善すべきことがたくさんありますが、もし誰もが一緒にこの旅に出ることができれば、私たちの総力を結集して、前例がないほどの勢いで、Ｄ＆Ｉ（Diversity & Inclusion）の世界に到達することができると思っています。ＤＥＩが重要であることは誰もが知っていますが、前例のなかった２０２０年を迎え、ＤＥＩがますます緊急性を増している理由をご存知でしょうか？

　２０２０年を通してパンデミックが発生している間、私たちは最高のパフォーマンスを発揮した企業の共通点を明らかにし、その詳細を分析したいと考えていました。そこで、２０

ザ・ドリーム・コレクティブ 創設者
兼マネージングディレクター

サラ・リュー

Sarah Liu

はじめに

20年4月から7月にかけて、私たちは世界的な調査機関と提携し、これらの企業の共通点を調査しました。

その結果、この危機的な状況の中で革新的で、時の流れに適応し、従業員のエンゲージメントを最高レベルで達成できた企業には、1つの共通点がありました。男性と女性の比率が50／50であり、性別が多様なリーダーがいるチームが最も優れたパフォーマンスを示し、多様なリーダーシップチームを持たない企業を平均27％上回る結果となりました。多様なリーダーシップチームを持つ企業は、危機をより良く管理し、イノベーションをより早く創出し、不確実な市場環境に最もスムーズに適応・転換することができたのです。また、その従業員は、会社やリーダーへの信頼度が18％高くなったと報告しています。この結果に驚きましたか？

多様なチームがビジネスに適していることや、企業の財務的なパフォーマンスを向上させることができることなど、この手の調査・研究結果があることは昔から知られているので、驚くことではありません。

しかし、これは、私たちの動きが早いわけではないことに警鐘を鳴らすべきです。日本でも世界でも、「多様なチームを作るのは不可能だ」「日本企業は独特の文化があるからDEIを導入するのは難しい」と考え、適応を拒んでいる企業はまだまだたくさんあります。災害が発生した後、あるいはこのような世界的なパンデミックが発生した後、私たちはどうすれば「より良い状態に戻すことができるのか」を自問自答しなければなりません。地震で建物が壊れてしまった場合と同じように、私たちは建物を元の状態に正確に戻すのではなく、ここから得た新たな改善や学びをもとに、より良い状態に戻すことを目指さなければなりません。

私たちがより素晴らしい復活を遂げるためにDEIはこれから最も重要なものとなるで

しょうし、最速で向き合うべきテーマだと思います。多様性に富んだチームと、彼らが成長できるような包括的な文化を持たなければ、私たちは今までと同じように生きていくことはできません。

私たちは、日本や世界の企業とのビジネスの中で、多様性を大切にすることで、これまでにない可能性を生み出すことができることを感じてきました。特に女性が「より羽ばたき」、男女平等の目標に向かって組織がより高いレベルに到達できるようにするためには、これが重要であることは一目瞭然です。今回の調査は、その重要性、特に危機的状況や復興期に不可欠であることを再確認させてくれました。

多くの組織にとって、2021年は間違いなく、多様な人材を惹きつけ、維持し、昇進させていく方法のあらゆる側面を再考する年となるでしょう。その変化の中で、ダイバーシティとインクルージョンが不可欠な要素になりつつあることを強く感じています。未曾有の2020年を経て、私たちは今までのような生き方や考え方ができなくなる時代を歩んでいます。

様々なやり方や考え方が変わっていくと、変化に抵抗したり、自分の居心地の良い場所から外に連れ出されているように感じたり、適応するのは簡単ではないこともあるでしょう。しかし、この1年で起こった信じられない変化を受け入れてきた私たちは、変化は思ったよりも容易に受け入れられると感じていくはずです。

不可能を可能にし、より良いものを取り戻すための唯一の方法は、今の世の中へ異議を唱えて、声を上げていくことです。そのためには、男女、公的部門と民間部門、国内企業とグローバル企業、外国人と地元の人など、皆さんと我々が一丸となってこれを推進していく必要があります。真の多様性を実現するためには、男性と女性の両方のリーダーが必要であることを、私たちは常に認識してきました。

はじめに

私たちの仕事の大部分は、男性リーダーがＤＥＩの道のりにおいて、より良いスポンサー、味方、擁護者となれるように、男性のトレーニングやプログラムを作成することです。なぜＤＥＩが企業にとって必要不可欠なのか、そして実際、ＤＥＩこそが唯一の進むべき道であり、２０２１年以降の強い未来を見通すための道であるということを、本書に登場する方々は個人的な体験談を交えて語っています。

本書では、強い決意を持った女性リーダーたちが、前例のない分野で、女性初のＣＥＯになったり、これまで経験のなかった役割や業界に踏み込んだり、キャリアの非常に早い段階で管理職に就いたり、それが実現された例を語って下さっています。

また、男性リーダーたちは、男性社員たちのものの見方を変えるために大きな役割を担いながら、企業の価値観やミッション、経営戦略を作り上げていく役割も背負っています。毎日、変化を担う男性リーダーになろうと努力もしているのです。

本書は、この可能性を信じた結果として生まれた素晴らしいサクセスストーリーのいくつかを皆さんと共有するために出版されました。様々な企業やオピニオンリーダーが、それぞれの文化の中でどのように一歩一歩取り組んできたのかを知ることで、ダイバーシティとインクルージョンとは何かをより深く理解することができるでしょう。

企業や組織のリーダーだけでなく、自分自身のキャリア形成についてもっと真剣に考えたい人や、ビジネスの世界に入ったばかりの人にもおすすめの一冊です。

私が最初にザ・ドリーム・コレクティブを立ち上げた時、誰もが「ビジネスを構築する経験がないから成功するのは不可能だ」と言いました。

日本に弊社を進出させようと思った時、誰もが「日本はその分野の領域にまだ至っていないから無理だ」と言っていましたが、今では、ザ・ドリーム・コレクティブは、世界中でインパクトを与えているグローバルビジネスとして成功しているだけでなく、日本を最大の市場の一つにしています。私自身がリーダーシップを取る道のりで学んだことがあるとすれば、それは「Impossible（不可能）は意見であって事実ではない」ということです。

今の日本で男女平等を実現し、真に多様性と包括性のある職場を実現することは不可能に思えるかもしれません。しかし、私たちが一丸となって努力すれば、明日には実現可能になると信じています。

女性が共に輝き、共に羽ばたく。どんな時も、どんな場所でも共に日本におけるDEIの可能性に全力を尽くしていきたいと思っています。

２０２１年２月

ザ・ドリーム・コレクティブ 創設者
兼マネージングディレクター　サラ・リュー

The Dream Collective

プロフィール　「ザ・ドリーム・コレクティブ」創設者、サラ・リューは、女性たちのこれからの働き方を考える「ダイバーシティ&インクルージョン」、次世代のリーダーシップ育成について、世界を視野に模索を続けるオピニオンリーダー、トレーナー、そして起業家です。若手女性×オーストラリア在住のアジア人として差別や偏見を受けつつも、The Dream Collective を起業し、今では世界5か所に拠点を構え、グローバルで現在950以上のトップ企業をパートナーに持ち、7000人以上のキャリアアップ・キャリアデザインに携わってきました。ミッドキャリアの女性を対象としたイマージングリーダーズプログラムは、APACエリアで最高評価を受けている女性リーダー育成のプログラムとしてグローバルに展開しています。他にも、2017年より「G20首脳会議」加盟国の若手企業家が集結する「G20 YEA」にて豪州代表として出席、日本の内閣総理大臣閣僚会議の顧問やForbes賞の審査委員を務めるなどオピニオンリーダーとして活躍中。多様なキャリアとビジネスの経験を持つ中で、全てに共通していることはより女性リーダーを増やしていくというゴールと、働き方の変革をしていくことです。

ザ・ドリーム・コレクティブ
https://thedreamcollective.jp

目次

目次

目次

目次

東京都知事

小池 百合子

Yuriko Koike

寄稿　女性がより輝く社会になるための提言

１４００万都民を擁する世界有数の成熟都市・東京が、今後さらなる進化を果たしていくために必要なもの、それはまだ十分に活かしきれていない女性の力を最大限に引き出していくことです。

人口の半分を占める女性を活用しないのは、実に「もったいない」。もっと、女性が自らの希望に応じて生き方、働き方を自由に選択できる社会でなければならない。そのような思いから私は知事就任以来、結婚・妊娠・出産後のどのステージにあっても、女性がいきいきと働き、自らの個性や能力を発揮できるような社会環境の整備に向け積極的に取り組んできました。

世界は今、新型コロナウイルス感染症との長い闘いの只中にあります。私たちは、「ウィズ・コロナ」の時代における「新しい日常」を根付かせるとともに、この難局を乗り越え、希望に満ちた未来を切り拓いていかなければなりません。私は、こうしたパラダイムシフトの時こそ、女性が持つ感性や発想力が、持続可能な新しい東京をつくり上げていく原動力になると確信しています。

女性の起業については、近年は女性が育児や介護などの経験を通して培ってきたノウハウを活かして起業する事例も増えています。中には、仕事の量や場所・時間などを自分で決められることから、出産や育児を終え社会に復帰することを契機に、起業という道を選ぶ女性もいます。このように、自ら仕事をコントロールできるという観点から、ライフ・ワーク・バランスの実現につながることも期待されます。

一方で、男性に比べて女性の起業家はまだまだ少なく、育児・介護等との両立といった女性特有の悩みを共有できる仲間が限られることや、育児等の理由でビジネスから一定期間離れることなどにより、経営やスケールアップに必要な知識・ノウハウが不足しているという

寄稿／小池百合子
女性がより輝く社会になるためへの提言

課題があります。

そこで東京都では、女性起業家を後押しする取組として、「APT Women（Acceleration Program in Tokyo for Women）」を実施しています。このAPT Womenは、グローバルな事業展開を目指す方や、社会的課題の解決に役立つ事業を広げたい方など、女性起業家のロールモデルとして、今後大きな活躍が期待できる方を応援するものです。起業や経営に必要な知識を提供し、女性起業家同士が互いに相談し合えるネットワークの構築を支援することで、女性起業家や起業を目指す女性が抱える課題を解消することを目指しています。これまでに様々な女性起業家を支援してきましたが、多くの成功モデルが生まれ、着実に実績を積み上げています。

また、起業家を含む企業・組織の女性リーダーやそれを目指す女性等を対象に、「ＮＥＷ（Network to Empower Entrepreneurial Women）CONFERENCE」を開催しています。ＮＥＷ CONFERENCEは、「女性社長が動かす東京の未来」を理念に掲げた会議で、著名な女性経営者等を講演者やパネリストとして招聘し、ビジネスの成長に向けて挑戦すべき課題等を幅広く議論しています。来場者には、単なる聴衆としてではなく、女性活躍の担い手として主体的な行動を促しています。同じ志を持った女性経営者等が一堂に会することで、女性経営者の活躍気運を盛り上げるという大きな意義もあります。

さらに、「女性首長によるびじょんネットワーク」、略して「びじょネット」を開催しています。

この会は、女性が首長を務める全国の自治体が手を取り合い、各地の活性化のメインプレイヤーでもある経済界とも力を合わせて、日本全体の女性活躍の広がりを、もう一段高いステージへと押し上げ、その力が最大限発揮できる社会を実現することを目指して開催するものです。女性の活躍を進めるには、女性リーダーが先頭に立って働き方を見直すとともに、男女を問わず職場での活躍の機会を創出する、そのような環境の整備が必要です。全国各地がそれぞれの個性や強みを活かしながら、お互いが協力し知恵を出し合い、力を高めていく。この「びじょネット」を通じて、女性活躍推進の気運をより一層盛り上げ、女性も輝く社会の実現を目指していきたいと考えています。

都では今後も、女性の活躍に向けた各種支援を積極的に進め、東京そして我が国の経済社会の発展を目指してまいります。

時代を切り拓くカギは「人」です。東京がこれからも我が国の経済を力強く牽引し、海外先進都市との国際競争に打ち勝っていくためには、誰もがその性別にかかわらず、自らの希望に応じて能力を存分に発揮し、多様なビジネスの担い手として活躍できる社会を実現することが不可欠です。多様性のある社会においては、新たな視点、きめ細かな視点により、これまで気付かなかった課題が見つかることでしょう。今後も引き続き、女性ならではの視点を活かした新しいビジネスにチャレンジする人が数多く出てくることを心から期待しています。

一般財団法人クリステル・ヴィ・アンサンブル 代表理事
http://christelfoundation.org

滝川 クリステル

Christel Takigawa

photograph RYUGOSAITO

寄稿　女性ならではの目線を大切に　自分で選択し声を上げることが重要

私は報道の世界でのあらゆる経験を通して、〝女性ならではの目線〟で社会に届けていける重要なテーマや議題があることを実感してきました。言い換えるなら、女性の力で引き出せる影響力が確実に存在するという事です。

私がキャスターとしてお仕事をさせて頂いていた際、「報道の世界は男性社会である」という印象を強く感じていました。しかし、なるべくその視点に囚われないよう、自身の考えや想いがぶれないよう、必死に突き進んでいたことを今でも思い出します。自分で取材したい題材を決め、毎日様々なテーマを追いかけるわけですが、その中で女性目線と男性目線の違いを痛烈に感じる瞬間が何度もありました。動物保護に関してや障害者の方への取材に私は力点を置いていましたが、男性からは「なぜそのテーマを選ぶのか？」と指摘されることもありました。その度に「ここで負けてはいけない」と自分を鼓舞した経験は、いま私の力になっています。

私がキャスターとして仕事を始めた頃は、女性のキャスターは年上の方が多く、さらに私のような日本とフランスのダブルのキャスターはほとんどいませんでした。

現在は若い女性キャスターも増え、メインキャスターを女性が務める機会も多くなってきたように見受けられます。このような変化が起こっているからこそ、より女性の声、そしてその活躍を広めて行くために、女性のライフステージに合わせて変化していく環境を、どれほど企業や社会がサポート出来るかが大事だと思います。

私自身も子どもを持って大変環境が変わったので、そのサポートの重要性を痛感する毎日です。また私が生まれたフランスでは、当時から共働きが当たり前の環境であり、社会が女性をサポートするのは当然でした。今、日本社会にも避けられない大きな変化が訪れているからこそ、日本の女性の働き方の進化に私は熱い視線を送り続けたいと思っています。

寄稿／滝川クリステル

女性ならではの目線を大切に
自分で選択し声を上げることが重要

報道時代に動物に関する取材を多数経験出来たことが、私が代表理事を務める「一般財団法人クリステル・ヴィ・アンサンブル」を立ち上げる原点ともなりました。

動物福祉・保護を目的としたこの財団は7年前に産声を上げたのですが、その大きなきっかけとなったのが、東京へのオリンピック招致です。財団を立ち上げることが念頭にあった時期に、オリンピック招致への協力をオファーされました。大変重責な任務だったので悩み、実は何度かお断りしたのですが、あの規模の国際的な場に出向くのは大多数が男性であるという事実が私を突き動かしました。女性であり、さらにダブルである私の存在は、これからの日本における多様性を国際的にアピール出来るチャンスだと、大きな意義を感じたのです。

そして、あの機会のおかげで、日本の皆様から大きな注目を浴びたことが自身にとっても大きな転機であると捉え、自身の活動を形にする時だと確信し、帰国直後に財団を立ち上げました。実は動物福祉・保護をテーマに、このような活動を日本で行っている男性は女性に比べて少ないというのが現状です。このテーマは女性の方が敏感に反応し、やはり母性・本能の部分が行動を促しているのかもしれません。

財団の活動を進めていく中でも、もちろん様々な葛藤があります。アニマル・ウェルフェアに則った犬猫の殺処分ゼロを目指すプロジェクトや絶滅危機に瀕した野生動物を救う活動など、生物の命に関わるミッションなので、応援もあり、一方で批判も飛び交いますが、長期的な活動を視野に入れ、一つの意見に偏らない中立性とブレない軸を保持しながら、時間をかけて味方を増やしていくことが代表理事である私の役目だと心に留めています。私自身の声が影響力を持っていることも自覚しているので、企業など様々な方面からのサポートを頂くためにも、バランスを取ることが重要です。思い切って財団設立にチャレンジしたからこそ、私もこれまでになかった自身の進み方を会得出来たと思っております。

改めて思い返すと、私自身は小さい頃から自立心がとても強く、ダブルであることも相まって多様性は自然に備わっていたと思いますし、性別に起因する弊害をあまり意識していませんでした。しかし、昨年子どもを持ってからは、育児と仕事の両立という難題にしっかりと直面し、女性をサポートする様々な体制が日本には必要だと心の底から実感しました。まだまだその点に不安を持っている女性は多く、世界各国と比べると社会の理解が乏しいのが実情です。

その解決の第一歩として、国際女性デーやHAPPY WOMAN AWARDなど、女性たちがコミットメントを持てる場を増やしていくべきだと思います。女性同士が理解を深める場、話し合える場を作ることで不安を解消し、互いに自信を持てる場を作ることが先決です。

今の世の中は、多くが〝大量生産大量消費〟で成り立っています。ただ、この消費のあり方を変えられる大きな力を持っているのは〝女性〟だと思っています。どういう消費のあり方を〝女性〟が望むかで世の中の全てが変わっていくはずです。もちろん行動力が発揮できる環境にいる方ばかりではないと思いますが、そんな中でも自身で選択をし、声を上げていくことの影響力に気づいて頂けたら必ず変化は起こります。率先してそういう場にいくことで刺激を受け、思わぬ形で変化に繋がることもありますし、自分一人ではないと感じることが出来るので、女性が繋がる場作りは今後も大事にしていきたいと思っています。

そして最後に、キャリアを積んでいく中では自分の体を大事にすることはとても重要です。

一度私は自身の体を酷使してしまったことがあり、いかに体と心のケアが大事であるかを痛感しました。自分は自分で守らなければいけない。周りを大事にしながらも、自身のケアを忘れないで下さい。女性としてリーダーシップをとる上でも、仕事と心身のバランスが取れていることが何より大事だということを全ての女性にお伝えしたいと思います。

アドビ株式会社
1
Adobe KK

大学卒業後、日本のメガバンクに総合職として入社しました。その後20年ほど、外資系金融機関やクレジットカードの国際ブランドなどでキャリアを積んだ後、２０１７年に縁あってアドビに転職。現在はマーケティングと広報活動を統括する仕事に携わっています。

「どうして金融からIT業界に？　それもなぜアドビだったのですか？」という質問に答えるには、学生時代にまで遡らなくてはなりません。

20代の頃、アメリカのノースウェスタン大学ケロッグ経営大学院に、私費で留学すべく出願準備をしていた時は、奨学金を獲得するのも、ＧＭＡＴのスコアを上げるのも、出願エッセイを書くのも、すべてがわからないことだらけで、悪戦苦闘の日々でした。

そのときの体験を何らかの形で残すことによって、少しでも自分と同じような夢を持つ人たちの役に立てたらと思い、有益と思われる情報をまとめたウェブサイトを立ち上げたのです。

独学でコーディングを覚え、ウェブサイトの制作をしながら、少しでも見映えの良いサイトにしたいと考えて、アドビのクリエイティブ系の製品を使い始めました。それがアドビとの出会いですね。

マーケティング本部
バイスプレジデント

秋田 夏実

Natsumi Akita

その後、金融機関で、マーケターとしてのキャリアを積んでいく中で、アドビのクリエイティブクラウド、ドキュメントクラウド、エクスペリエンスクラウドという3つのクラウドサービスを横断的に使うようになりました。

クライアントとして利用していた、アドビアナリティクスという製品の使い方をもっと深く学びたいと思い、チームメンバーと一緒にアドビのオフィスに行って、トレーニングを受けたりもしました。そんなバックグラウンドがあり、且つプライベートでもクリエイティブクラウドを使っていて、アドビのファンだったこともあり、ぜひ働いてみたいと思って、お話を受けることにしました。おそらく他のIT企業からお話を頂いたとしても、転職はしなかったと思います。

私は長く、シティバンクやHSBC、マスターカードといったグローバルカンパニーでキャリアを積んできましたが、どの企業も、その会社ならではの「お作法」があり、プロジェクトのスピード感も進め方も違っていました。一口に外資と言っても、アメリカ系とヨーロッパ系ではかなり違います。

私は、キャリアチェンジをした時に直面するそうした違いを、ハードルと考えるよりも、面白いと受け止めるようにしてきました。

もちろん、そうした違いをすぐに理解し、克服するのは簡単なことではないのですが、そのチャレンジを試練と受け止めるのではなく、「楽しい」と思って取り組んでいると、自ずと前に進むことが多いですね。転職するたび自分の中にどんどんプラスの経験値が溜まっていくという感じです。

現在、アドビのバイスプレジデントという役職に就いていますが、女性リーダーとして、「自然体」と「誠実さ」の二つを心がけています。

入社して4年が経ちますが、時にはわからないこともあります。そんな時はためらわず、周囲にどんどん聞いて、教えてもらうことにしています。若い頃は、自分を少しでもリーダーらしく見せなければと意識し過ぎた結果、肩に力が入っていたり、背伸びをしていた時期もありましたが、年齢を重ねるうちに肩の力が抜けてきました。

また、私は、仕事を共にする相手が目上の人であろうと、同僚であろうと、自分のチームのメンバーであろうと、誰に対しても接し方を変えません。バイスプレジデントの職責を負う者として、担っている役割はしっかり果たさなくてはなりませんが、肩書きを外せばアドビで働くメンバーの一人に過ぎないと思っています。自分を大きく見せようとせず、誰に対しても誠実に向き合い、同じ目線で話すことを日々心がけています。

ダイバーシティ&インクルージョンに関して、アドビは世界に類を見ないほど熱心に取り組んでいる企業であり、私はそのことに誇りを持っています。

毎年9月に、アドビの社員が米国本社などに1000人規模で集まって開催される「アドビ・フォー・オール・サミット」はまさに、ダイバーシティ&インクルージョンを追求するアドビの姿勢を象徴するイベントです。中でも印象的なのが、CEOであるシャンタヌ・ナラヤンや上級副社長の面々が、自分自身の体験について語ってくれるセッションです。

シャンタヌはインドで生まれ育って、のちにアメリカに移住したのですが、最初は皆、自分の名前を正しく発音してくれず、自分もまだ訛りがあったのでちゃんと聞き取ってもらえなかったと、苦労した若い頃の話を私たち社員に率直に語ってくれます。彼のそんな体験談に、私は心から共感しますし、その度に素晴らしい会社だなとしみじみ思います。自身の弱さや、輝かしいわけでもない部分も、周りに対して見せる。それこそが真のリーダーの強さだと思います。

アドビでは、日々多様な人材が喧々諤々の議論をしながら、変革とイノベーションを実現しています。「データドリブン・オペレーティング・モデル（Data Driven Operating Model）」

＝「ディードム（ＤＤＯＭ）」というプロセスをビジネスに取り込み、徹底的にデータに基づいた経営をしています。例えば前週の一週間分のデータをダッシュボードにしたものをベースに、月曜日に各部署のリーダーやプロフェッショナルたちが、バーチャルでミーティングをして、どの部分に課題があり、それを解決するために何を改善すべきかといったことを、徹底的に議論し合うわけです。

皆が、目標に対して真剣に向き合いながら、課題があれば、多様な視点や知識を持ち寄って解決策を探っていく。そして最終的により良い施策にたどりつく。多様性が、まさに経営にも日々活かされていると感じます。

ところで、私は今日、始業前に、私用を二つ済ませてきました。長男が骨折してしまったので、朝一番で病院に連れて行き、その足で、長女の学校に行って運動会を観覧し、ビデオ撮影を済ませてから、急いでバーチャル・ミーティングに参加しました。

「そんな生活は無理、私にはできない」と思われるかもしれませんが、「できない」と初めから決めつけるべきではないと考えています。

最近よく、大学生や若い方とお話しする機会がありますが、皆さん、「仕事を一生懸命やっていこうと思ったら、結婚や出産、ましてや母親になることは難しいと思う」と言われます。その度に「いやいや、あなたはまだ一歩を踏み出していないでしょう」と思ってしまいます。私は若い頃から、「やってみる前から、できないと思ってはいけない」という考え方で、どんな時も「進みながら解決策を考える」スタイルでやってきました。あらゆる場合において、まず「やる」ことを前提に「どうしたらできるだろう」と思案し、進みながら解決策を見出す努力をしてきました。

私には子どもが三人いますが、二番目にあたる長女が生まれたときは、預かってもらえる保育所が全くなく、区役所に8回くらい相談に行きました。また、違うフィールドで頑張っている友人たちにも相談し、アドバイスをもらって、信頼できるベビーシッターサービスを探すなど、あらゆる手を尽くして問題を解決してきました。もう7年も通っていただいているシッターさんは、子どもたちにとって、おばあちゃんのような、無くてはならない存在になっています。

どんな状況にあっても簡単に諦めず、あらゆる手を尽くせば、道は開けるものです。大切なのは「自分は本当にベストを尽くして解決策を探したか？」と自問自答することだと思います。

さて、コロナでリモートワークになり、CEOのシャンタヌや本社の上級副社長たちと行うバーチャル・ミーティングの頻度が増えました。トップマネジメントが、社員の置かれた状況や直面している課題についてしっかりと理解し、迅速かつ柔軟に対応しようとしていることの表れだと思います。

例えば、アドビでは以前からフレックスタイム制が導入されていて、コアタイムは午前10時から午後3時までとなっていました。ですが、コロナ禍で学校が休校になり、子どもたちが家にいるため、コアタイムは子どもがいる家庭にとって寧ろ働きにくい時間帯になってしまいました。そこでCEOや人事担当の上級副社長に「コアタイムに縛られなくても良いことにしたら、もっと働きやすくなるのではないでしょうか」と投げかけたところ、即座に対応してくれました。これはほんの一例です。

世界の各地域の時間帯に合わせて、何度も「オールハンズミーティング」というバーチャル・ミーティングも行われており、トップマネジメントと世界中の社員との間で、双方向のコミュニケーションが図られています。コロナ禍で、アドビのダイバーシティ&インクルージョンを追求する企業姿勢がフルに発揮されていると感じています。

さて、経営に携わる者の一人として、女性の活躍を真に推進していくには、組織に今いる人材の声にしっかりと耳を傾けることが大切だと思っています。

実務経験を有しない社外人材を、数合わせのために経営側がいきなり連れてくるという企業もあるようですが、そうしたやり方には、違和感があります。今ここにいる仲間と真摯に向き合い、ちゃんと話を聞く。その上で、ロールモデルとなり得る女性たちを抜擢・登用し、育成していく。目先の数値目標の達成だけにとらわれるのではなく、その先を見据えた環境づくりが重要ではないでしょうか。

最後に、リーダーになることを目指す女性たちには、肩の力を少し抜いて、物事のポジティブな側面に積極的に目を向ける習慣を身につけて欲しいと思います。

若いうちは失敗するのが当たり前で、皆、失敗から学びながら成長するのです。完璧であろうとして自分にプレッシャーをかけすぎることなく、自然体で前に進んで欲しいですね。

何かを得るためには何かを捨てなければ、などと思い悩む必要もありません。「大丈夫、きっとうまくいく」「(自分は)よく頑張っている」とポジティブな言葉を自分自身にかけて、明るくしなやかに歩んで頂きたいと思います。《秋田夏実》

シニアHRビジネスパートナー

赤木 亜希子

Akiko Akagi

私が携わっている人事の仕事は、社員にいかにハッピーに、楽しく働いてもらうかを常に考えることだと思っています。社員をハッピーにするための方法は、福利厚生の拡充など、単に何かを与えるばかりではありません。目標に向かって進んでいると実感すること、努力に対して正当に報われる経験などが、仕事のやりがい、ひいては楽しさにつながります。人事の役割は、その環境や制度を整えることです。

私はアドビに入社してまだ半年です。以前は、新卒で入社した外資系企業の人事部で、労務や給与関連の仕事を経験し、その後HRビジネスパートナーになりました。HRビジネスパートナーは、シニアリーダーのパートナーとなり、あらゆる人事関連のコンサルティングを行う職務です。日々、シニアリーダーの方々と接して彼らの判断や仕事の進め方を目の前で学べたことは、貴重な経験でした。また、経験を積んでいくごとに、任される組織も大きくなり、最終的には3000人ほどの大きな組織を担当するようになりました。

組織全体に責任を持ち、グローバルとも直接やりとりする仕事にやりがいを感じていましたが、一方で、ちょっと大き過ぎて社員一人ひとりに丁寧に接する時間がないとも感じていました。もう少し人の顔が見える、手触り感のある人事に立ち戻りたい。それがアドビに転職した理由です。

新卒時から外資系企業に勤めてきたため、これまで、「女性だから」という差別や疎外感はあまり感じずにキャリアを歩んできたと思っています。それでも私は、アドビほどそれを企業文化の根幹として重要視し、具体的な行動に表している会社を他に知りません。

アドビには、「アドビ・フォー・オール・サミット」というイベントがあります。社員が誰でも参加できるそのイベントは、私が入社して一番印象に残ったものでした。「アドビ・フォー・オール・サミット」は、ダイバーシティー&インクルージョンをテーマにグローバル全体で毎年開催しているイベントで、数日をかけてさまざまなセッションが開催されます。

過去には、全世界から社員が集うイベントとして、アメリカやインドで開催してきましたが、２０２０年は新型コロナの流行に鑑み、初めてオンライン・イベントとして開催しました。開催期間は一週間にわたり、ＣＥＯのシャンタヌはもちろん、グローバルの人事部長はじめ各国のエグゼクティブたちが、自らの体験談を語り、また、社員たちも自分自身のストーリーを共有しました。新たなインスピレーションを誘発する、素晴らしいゲストスピーカーも多数登壇しました。

ダイバーシティー&インクルージョンを大事にしている企

業、標榜している会社は多くありますが、こうして全世界の社員たちが1週間もかけてそれだけをテーマにしたイベントを行う会社など聞いたことがありませんでした。アドビに入社後、それを実際に体験した時は本当に感動しました。

そもそも、企業にとってなぜ多様性が大事なのでしょうか。それは、違いがあるところにこそ、新しいことや面白いこと、イノベーションが生まれるからです。異なるバックグラウンドを持つ人たちが、混じりあって、互いに意見を戦わせる。その交わりの中から新しいアイデアが出てくるものです。

特に、アドビはクリエーターを支援する会社ですから、私たち自身の製品やソリューションがクリエイティブであることは非常に重要です。多様性が新しい価値を生み出し、それがアドビのビジネスの力になる。私たちはそう信じていますし、それこそが、会社としてダイバーシティー&インクルージョンを推進する最大の理由の根幹だと考えています。

また、アドビでは、「アドビ・ケイパビリティ」として三つの重要なケイパビリティを定め、社員と共有しています。1番目が「Be creative」、2番目が「Be focused」、そして3番目が「Be a leader」。クリエイティブであれ。集中せよ。一人ひとりがリーダーとして何かを引っ張る人、ムーブメントを起こす人であれ。これらの価値観は、「チェック・イン」と呼ばれる目標管理制度を通じて、全社員に浸透しています。

採用の時にも、アドビ・ケイパビリティにマッチする人材かどうかを評価基準として考慮します。このように、トップと人事が価値観をあらゆる場面で繰り返し伝えることで、アドビにはそれに共感する人材が集まっていると感じます。

価値観の共有によって人を動かすこと、一人ひとりのクリエイティビティを尊重することは、アドビカルチャーの特徴かもしれません。アドビに入社して驚いたのは、採用目標や女性比率などにおいて、細かい目標数値がないことです。もちろん営業部には明確な数値目標がありますが、それ以外のプロセスや組織のマネジメントについては、がちがちに数値で縛るよりも、価値観を共有したうえで、一人ひとりが正しいことを考えて実行せよ、という文化があります。

アドビは多様性に富む、非常にフラットな会社ですが、それでも、やはりそれぞれの属性ごとに支援が必要な場面があります。そのため、アドビには、会社主導のもの、社員主導のもの含め、多種多様なコミュニティがあります。

リーダーシップ・サークルは、会社主導の女性の育成プログラムです。毎年世界中の女性リーダー候補を集めて開催し、リーダーシップ研修およびコミュニティ形成を支援します。

社員主導のコミュニティでは、グローバルには「ウィメン・

アット・アドビ」「アクセス・アット・アドビ」などのコミュニティがあります。また、日本には「ワーキング・ペアレンツ・ネットワーク」という、子供を持つ男女の社員が集うコミュニティもあります。

私自身も子を持つ親として、入社と同時にそのネットワークに参加しました。あくまで社員主導のコミュニティですので、所謂クラブ活動のような、温かい雰囲気があります。働く親同士のちょっとした情報交換や、本や育児用品の貸し借りなど。私の場合、コロナ禍の影響で入社初日から在宅勤務という状況でしたので、このネットワークがあることは本当に心強かったです。ランチタイムにオンライン座談会を開いて、「こういう時どうしてる?」、「皆、煮詰まっているよね」などと話したり、児童心理学専門家を招いてウェブ・セッションを実施したり。アドビの社員は、皆、業務外のことでも、面白そうだから、誰かがそれを必要としているから、と自発的にやるという能動的で元気な社員が多い気がします。

また、アドビのエンゲージメントに対する取り組みについても触れておきたいと思います。アドビには「ウエルネス・リインバースメント・ファンド」という福利厚生制度があります。ジムの会員費やスポーツ用品など、社員の健康に資する物品の購入費用を年間一定額会社に請求できるのですが、コロナ禍において、子女のリモート学習を支援するものも請求できるようになりました。例えば、アートサプライ、本、リモートの学習環境の会費などが含まれます。これは、社員からのフィードバックに応じて実現したものです。

今後の課題は、日本で女性リーダーをどう育てていくかですね。アドビの日本オフィスの女性比率は30%ほどで、IT業界にしては高い方だと言えます。それでもシニアマネージャーやディレクターといったポジションになると、日本では女性比率が低下傾向にあります。シニアなリーダーを社内で育成するには、部門異動やメンタリングなどを通じて、早くからより幅広い経験をさせることが必要になるでしょう。

次世代の女性たちは、「女性だから」という制約は私たちの世代ほど感じていない一方で、上の世代に手本となるような女性リーダーが少ないため、「ロールモデルがいない」「キャリアプランが描けない」という悩みもよく聞きます。

でも、キャリアに正解はないのではないでしょうか。誰かの真似をする必要はありません。自分が楽しいと思う方向へ一歩ずつ進んでみればいい。今月何か楽しいと思える仕事ができたか、今週は何をしようか、と考えていったその先に、自分の道ができるのではないかと、私は考えています。

《赤木亜希子》

アムンディ・ジャパン株式会社

2

Amundi Japan Ltd.

代表取締役社長

ローラン・ベルティオ

Laurent Bertiau

私は2018年に再び東京に赴任して、現職であるアムンディ・ジャパンの社長に就任しました。私は資産運用業界で30年以上の経験がありますが、フランスの大手銀行グループ、ソシエテ ジェネラルでトレーダーとしてキャリアをスタートし、ソシエテ ジェネラル アセット マネジメントで債券部門のファンドマネジャーとして従事いたしました。1993年から1996年の間はシカゴのソシエテ ジェネラルFIMATトレーディング マネジメントで社長を務め、その後1997年から2008年まで シンガポール拠点のCEOを経てアムンディの前身であるソシエテ ジェネラル アセット マネジメント（日本）に着任し、2005年に会長兼CEOに就任すると同時にアジア太平洋地域のCEOを兼務しました。その後パリに戻りソシエテ ジェネラルとその後のアムンディのグローバル セールス ヘッドを務めました。私はもうそんなに若くないので、おそらくこの東京勤務、そしてこの職責が、私の最後の仕事となるでしょう。

まずは、2020年についてお話ししましょう。私たちは前例のないコロナ危機という課題に立ち向かうため「スタッフの安全」を最優先事項としました。同時に「スタッフの安全性を確保するプランが、事業の継続性を確保するための最良の方法であること」と確信しそれを実践しました。こう

いった状況下で、事業の継続性は非常に重要であるからです。
２０２０年４月、私たちは緊急事態宣言を尊重し、スタッフに自宅で仕事をするようお願いしました。皆とコミュニケーションを取り、「する必要がない作業は何か」例を挙げるよう助言もしました。明確な理由や緊急の事情があり、オフィスに来る必要がある人には、タクシーや駐車場、ガソリン代について補償しています。これらは私たちが、スタッフの安全について本気で配慮しているという姿勢を示すためです。しかしながら今回のコロナ危機は当社に大きな変革をもたらしたわけではありません。アムンディ・グループには「４つのバリュー」があります。２０２０年２月に、私は経営委員会のセミナーに参加し、その４つのバリューのうち、３つが人間の感情に関わるものであると認識し、大変関心を持ちました。アムンディにおける４つのバリューとは「連帯」「チームワーク」「勇気」「起業家精神」です。

一つめの「連帯」とは同じ船に乗り、経営トップから全従業員まで皆が同じ状況を共有するということです。私たちはまさに全員がマスクを付けて、同じ船に乗り込みました。二つめの「チームワーク」はご存じの通り。三つめの「勇気」とは、時には困難な状況に打ち勝たねばならないということです。私たちは発想力や行動力、チームワークをもって解決策を見出さねばなりません。四つめの「起業家精神」とはイノベーションのこと。メンバーにおける柔軟な発想が期待されています。

緊急事態宣言下において、私たちは常に人々と関わり、サポートすることで経済活動を維持していることを再認識せざるを得ませんでした。アムンディ・グループは、資産運用を行う企業ですが、資産運用は「人のビジネス」と言われます。人がいなければ、資産は運用できません。我々はコロナ危機下にあっても、人間感情に立脚したバリューを根幹に持つことで行動や決断に根拠を示すことができました。

さて、アムンディという会社は２０１０年に設立されました。10年というと長いようですが、企業にとっては比較的短い期間とも言えます。私たちは日本拠点だけでなく、グループレベルで多くの時間を費やして、日本の顧客やスタッフに我々の価値観を説明し、若い人材にとって魅力的な企業となるよう努力してきました。例えば当社では若い人材の育成のために、いくつかの取り組みを行っています。日本で「リーダーシップフォーラム」と呼ばれるものもその一つです。若手社員がマネジメントを通さずに、経営陣に直接提言ができる機会を設けているのですが、大変好評です。

そして、もちろんブランドを高めるために懸命に努力もしています。企業の魅力とは、「ビジネス」「職場の雰囲気」「キャリアパスのバランスが良いこと」です。当社の従業員がキャリアを築いて活躍していることを目の当たりにした友人は「アムンディにはチャンスがあるかもしれない、私も入社してみようかな」と言うでしょう。

女性活躍について言及すると、私は人材の多様化がビジネスの在り方になっている昨今、女性が金融業界のみならず、他のどの業界に入っても活躍できる大きなチャンスがあると感じています。なぜかというと、意思決定を行う際に様々なバックグラウンドの人材に下支えられたビジネス運営は、多様な視点を取り入れることで、より競争力をつけられるからです。成功するには様々な視点を取り入れることが必須なのです。例えば「特定のプロジェクトのために何を達成すべきか」という点を例にとった場合、ある人は「何人の人を監督するのか」と考えますが、別の人は「どのように１００名を監督するのか」「私の使命は何か、このプロジェクトは何を目指すのか」など、特定の課題をチームワークをもって完遂させていくということがあります。今日、トップ企業は経営層の多様化に努めており、10年前と比べると女性にとっても素晴らしい機会があふれているのです。アムンディは機会を均等に与えることを推進しておりますが、それは倫理的な側面だけでなく、業績を測る尺度に取り込んでいるのです。こうした背景を踏まえ、男女の区別なく巡ってきたチャンスに対してしっかりと結果を残す人はもう「ガラスの天井の下にいることはない」と確信しています。より多くの機会がある、それが今の時代なのです。

さて、企業が持続的な成長を実現し、経済的のみならず社会的、文化的な使命を達成するためには、いわゆる「ＥＳＧ（環境・社会・ガバナンス）」がビジネス運営の中でも必要不可欠です。アムンディはＥＳＧを経営戦略の柱として据えており、持続可能な経済の構築と、責任投資の視点からも社会や文化への貢献を忘れてはならないのです。今後、我々の取り組みは多くの市場や他の企業に対してもインパクトを与えていくでしょう。

《ローラン・ベルティオ》

マネージング ディレクター
リテールビジネス本部統括役員

高羽 里美

Satomi Takaba

私は日本の証券会社からキャリアを始め、ご縁があってドイツの資産運用会社に所属しました。2000年に当社でリテール向けの営業を始めるとのことでお声がかかり、以降、リテール営業部門のヘッドを勤めております。

私がこれまでのキャリアの中で大切にしてきたことは、お客様への向き合い方です。当社のアセットマネジメントビジネスは、変動する市場を相手にした商品をご提供しておりますので、お客様のポートフォリオが常に上向いているとは限りません。リーマンショック、そしてこれまで幾度かの金融危機に直面してきました。私は、そういった時こそお客様とのコンタクトを密にし、誠心誠意ご不安に向き合って説明を尽くします。難しい局面や問題から絶対に逃げない、という姿勢を貫いてきました。

さて、アムンディの社風についてお話ししますと、当社にはチャレンジする人を支援する文化があります。私がここに入社したのは30歳半ばを過ぎてからですが、性別や年齢とは全く関係なく、やる気と能力、チャレンジ精神を評価されてきたと感じています。「Satomi Takaba」という個人を真っ直ぐに見ていただきました。実は私のチームも約6割が女性で、仕事をしながら各々自分なりの自己研鑽を積んでいます。それは仕事に関することであったり、あるいは全く違うものであったりしますが、それぞれが自己研鑽を重ね、その経験を職場に持ち込みます。例えばコーチングスキルや語学力などを生かし、助け合うことで、各組織のクオリティが上がっています。職場プラスアルファの能力と言いますか、メリット、アドバンテージを感じます。

また、自発的かつ主体的に、お客様に対して金融教育を行う「フランカ」と銘打ったチームもございます。日本では、お金や運用に関する認識度やリテラシーを引き上げる必要があり、販売会社などを通じて一般社会により多くの情報を配信することで啓発活動を行っています。金融教育には、聴衆に合わせたわかりやすいコミュニケーションをはかれる能力に長けていることが必要です。性別や民族によるスキルの違いはありませんが、本チームでは多くの女性が活躍しており、お客様からも高い評価と信頼を得ています。アムンディはESGの分野では業界の先駆者と自負しており、ESGに基づく事業戦略を基盤に持続可能な開発目標（SDGs）を達成することを目指しています。

未来の女性リーダーに向けて何かメッセージを送るとすれば、「失敗を恐れずに挑戦してください」ということです。もし、失敗してもその経験を活かし、より賢くまた強くなってください。日本社会では失敗することに対し躊躇しますが、企業はますますグローバル化が進み、そのような経験は険しいチャレンジを乗り越えるための力となり、キャリア構築の次なるステップに必ず役立つことでしょう。また、キャリアを重ねるにあたり、良い時も大変な時も支えてくれた人への感謝を忘れないことも重要です。

《高羽里美》

運用本部株式運用部長

石原 宏美

Hiromi Ishihara

2018年冬にアムンディに入社しました。それ以前は米系運用会社や英国、オーストラリアで証券業務に従事、運用部門の仕事は当社が初めてでした。

アムンディ入社時には、株式運用部長に就任するとは全く想像していませんでした。2020年7月に株式運用部の部長になりましたが、部署の中で、紅一点かつ、運用経験のない私が、ベテランばかりの運用者チームの統括として、何を求められているのかについて随分悩みました。周囲から助言を得ながら行きついた結論は、数字としての成果はもちろんですが、職人気質のベテランスタッフたちをまとめながら、会社が進もうとしている方向に、当部はどのように貢献できるか、またその方向にうまくメンバーを率いる役割を期待されての登用であろうと考えました。

これまでのキャリアで印象的だったことは、2019年秋頃にアイルランドで開かれた当社株式運用部門全体のセミナーです。全拠点から多様な国籍を持つ約80名が2日半にわたるこのイベントに参加しました。日本の株式運用部門では私が唯一の女性ですが、グローバル全体で見れば、株式運用部門で活躍する女性は少なくありません。マネジメント職につく女性運用者や、運用業務に携わって間もない女性など、様々な女性スタッフと交流することができました。セミナーでは、様々な議題について議論しましたが、自由に発言する中にも相手への尊重があり、ジェンダーだけでなく様々な文化、考え方を受け入れ、発展させる多様性が息づいていることを感じさせられました。「この仲間たちと一緒に同じ目標に向かって走っている」という実感は、その後の業務においても大きな励みになっています。当社は、合併を通じて生まれました。そのため、新しいやり方や異なる考え方にも寛容であり、相手の意見を尊重し、新しい価値を生み出す文化が醸成されていると感じます。そのような文化が多国籍な社員にも根付いているのだと思います。

日本拠点で始まった「リーダーシップフォーラム」も印象的でした。全部門から若手社員が参加、当社がより魅力的な企業となるためのプロジェクトを若手主導で発案、実際にプロジェクトを実行に移すところまで任されます。発案から実行まで行うことは、容易なことではありませんでしたが、若手に裁量を与え、ボトムアップから会社に新しい風を巻き起こす、という当社の経営陣の意欲が感じられました。

社長は「リーダーシップフォーラム」を若手の声を経営層に届ける「バイパスのようなもの」と言いますが、当社にはチャレンジ精神さえあれば、女性、若手問わず挑戦させてもらえる度量の広さがあります。

実は、これまでの私のキャリアは決して、順風満帆なものではありませんでした。それでもチャンスはめぐってくるものです。私は、これまでチャンスやチャレンジに直面すると、それを山だと考え、山の頂上にたどり着ければ、これまでとは違う景色が見えるはず、と信じてきました。次世代の女性たちに何かアドバイスできることがあるとすれば、「目の前に山があれば、ぜひ登ってみてほしい。頂上から見える景色は新しい導きになる」ということです。

一人で山を登っているつもりでも、実はそこには、先輩、同僚など、共に歩み、道しるべとなってくれる人が必ずいるものです。自分を信じて、全力で挑戦してみてください。

《石原宏美》

人事部長

小家麻里奈

Marina Koiye

2018年11月にアムンディに入社しました。私は全キャリアを外資系金融機関で過ごし、銀行に入行した後に、銀行・証券・信託銀行を備えた会社に転職。キャリアの大半は、証券側の担当であったため、アセットマネジメントを主担当としてカバーするのは初めてでした。

私のキャリアにおいて、フランス系企業で働くのも初めてで米系とのカルチャーの違いに驚きました。世の中では、ダイバーシティ&インクルージョンを踏まえ、多様なバックグラウンドへの理解を促す取り組みが活発ですが当社ではフランスの法律やESGをビジネス戦略に取り込んでいることから女性の雇用と昇格はアムンディのカルチャーに織り込まれています。証券会社や銀行の営業部門は、男性が8～9割を占めるのが当たり前の中、当社の営業部隊の女性比率が高く、驚かされました。また、アムンディ・グループが毎年発行している「コーポレートソーシャルレスポンシビリティレポート」を通して年次報告書とは違う角度から当グループの方針、実績、コミットメントなど多角的に社の特徴や強みを伝えております。アムンディは責任投資のパイオニアとして、従来の財務分析を超えた形でESGをマネジメント戦略に織り込み、持続可能な開発の原則を自社に適用しております。環境への影響配慮、差別をなくす、機会均等の促進、ガバナンスの透明性の確保、社会貢献などへの取り組み。ビジネスのみならず、雇用、研修、モビリティー、報酬などの人事政策を開示。その中でダイバーシティーや差別のない職場環境確保へのコミットメントはジェンダーイクオリティ、子育てにおけるペアレンタルサポート、障がい者雇用への取り組み、若手社員の育成なども伝えていますが、このような透明性が従業員に安心感を与え、より働き甲斐のある環境となっていると思います。

「リーダーシップフォーラム」に言及すると、若いメンバーが固定概念を打ち破り、経営層に直接ビジネスや職場環境について提案できる仕組みをつくり、若手や新しい社員を巻き込めるような場となっています。若手にプロジェクトリーダーの役割を課すことで、参加者の社内ネットワークづくりのみならず、準備、企画力の重要性、協力を仰ぐ術を学び成功体験を重ねることで能力を磨く手段となりました。

さて、人事ということで、少しコロナ危機に触れます。実は私たちはフレキシブルな働き方を見据え、２０２０年４月に就業規則を大幅に改訂しましたが、新規程の運用開始前にコロナ禍の方が早く訪れました。当時、心掛けたのは従業員の声を聞くことです。何度もサーベイを取り、状況あるいは情報を定期的に共有、在宅ワークにおける個別の事情を配慮し、お昼休みの融通や、時差通勤、半日出勤など選択肢を広げ、仕組みを整備するなど社員の声を重視するマネジメント体制であることを示すことで、皆さんに安心感とつながりを持ってもらうよう心掛けました。

次世代の方に送るメッセージは、「自分を貫き、目標に向かう強い気持ちを持ってください」です。目標実現のためには、共感を得るためのコミュニケーション力が大切です。社会の取り組みにより将来男女やバックグラウンドの違いからくるアンコンシャスバイアスという見えない壁によるハードルは低くなっていくことでしょう。キャリアの早いステージから意識して、考え、相手に響くように伝え、行動に移すこと。これがその後のキャリアに大きく影響します。外国語能力も含め、明瞭で丁寧かつ簡潔なコミュニケーション力を磨き、物事をどれだけ前に進められるかが、成功のカギです。

《小家麻里奈》

ヴイエムウェア株式会社
03
VMware K.K.

代表取締役社長

山中 直

Tadashi Yamanaka

ヴイエムウェアに入社したのは14年前です。当時はまだ30人に満たないスタートアップでしたが、現在は事業規模も急成長しました。

その前は、学生を経て、約10年を日系IT企業で過ごしました。当たり前に日本というコミュニティにおいて自分たちがどうあるべきかを常に考え、行動する環境でした。その経験もあり、弊社に転職して最初の8年ぐらいは、誰の為に働いているのかな？ とよく考えていたのを覚えています。自分自身のアイデンティティが何なのか模索していたとも言えます。

入社当時はまさにスタートアップで、立ち上がっている最中でしたね。共通のゴールに向かっている良いチームでしたが、多様性に富んでいるとは言えなかったかも知れませんし、あまりそういったことを考えることもありませんでした。ですが、事業の拡大に伴い、どんどん人は増えていく。私の役割も一人の営業からより事業全体を考えなければならないものに変わっていきました。

より多くの人が集まるにつれ、スタートアップの要素は必要だけれど、そこだけに魅力を感じ集まっている人たちだけでは持続的に成長していくことはできず行き詰まってしまうという危機感が芽生えました。より多様性をもった組織にな

らなければと。この頃から、これからの日本法人のアイデンティティについて頻繁に考える様になりました。ちょうどそんな時期に、「人は〝会社〟に入るのではなく、お互い共感できる〝コミュニティ〟の一員になりたいんだ」という言葉を本社人事のリーダーから聞きました。当時も今も、この言葉は強く心に刺さっています。それまで私の中で別々に存在していた個人、会社のアイデンティティ、コミュニティや多様性といったものが全て繋がり大きな転機になりました。

弊社はテクノロジー企業ですが、掲げているメッセージの一つにTech for Goodがあります。テクノロジーそのものは中立であり、使い方によって毒にも薬にもなりえます。大切なのは、多様性をもってその力を最大限活用し、日本というコミュニティ・社会に貢献すること。これが我々の使命でありアイデンティティだと明確に形になりました。組織も、指揮命令系統で動くのではなく、誰もが居場所があると感じられ、自律的に動き、持っている力を発揮できるコミュニティが目指す在り方です。

ヴイエムウェアでのダイバーシティ&インクルージョンは会社全体としての取り組みです。女性を増やすことも喫緊のテーマの一つですが、昨年はコロナという大きなチャレンジがあるなか、期初（20年2月）と比較して女性比率を上げることができ非常に嬉しく思っています。外資系なので即戦力を求められるというイメージがあるかもしれませんが、それだと敬遠してしまう人もいます。ですので、中長期のスパンで成功、成長を支援するアプローチで取り組んでいます。まだまだ道半ばですが、各リーダーの考え方や価値観も変わってきていると感じます。やりがいを感じて気持ちよく働き、会社に長く居てもらうこともちろん重要です。多様性を高めインクルーシブなコミュニティを実現するには、人に対する基本的な尊敬や尊重が不可欠です。昨年はコロナ禍という未経験の環境に効果的に対応できるよう、社員向けのレジリエンスウェビナーを実施しました。これらはほとんどが社内の有志コミュニティにより実現しています。

もちろん全てが順風満帆なわけではありません。日々学びの連続です。例えば、一昨年シンガポールで他国を担当しているシニアリーダー達と集まったのですが、会話を通じて日本はまだダイバーシティ、インクルージョンともに大きな差があると感じる部分もありました。帰国後、すぐにリバースメンタリングを実施しました。「より良いコミュニティを作っていきたいので、アドバイスをください」と率直に伝えたんですね。これまで全く気付かなかった様な新たな視点を多く得られた非常に良い経験でした。時間を割いてくれたメンバーにはとても感謝しています。

また、コロナ禍で全社的に在宅勤務になったことにより、人を中心におき多様性を前提とした働き方に変化してきていると感じます。これまでも在宅勤務制度は活用していましたが、中心にあったのは業務であり、そこに紐付いた固定観念もあったと思います。いい意味でその固定観念が崩れました。昨年、社内でアンケートをとったところ、出社していた頃よりチームメンバーとのコミュニケーションが同じか、増えたという声が5割を超えたのは嬉しい驚きでした。

人恋しくなることもあります。特に昨年3月以降に入社したメンバーにはほとんど会うことができていませんからね。一方で、物理的なオフィスに対する考え方も変わってきました。「働く場所」ではなく、「コミュニティのメンバーが集える場」という要素がより強くなるでしょう。そういった環境を整えることにも注力していきます。

今後は、これまで以上にダイバーシティ＆インクルージョンを自分たちのアイデンティティの根幹として実現します。ヴイエムウェアというコミュニティに大きな魅力を感じて入社したという方をもっと増やしていきたいですね。そういったメンバーと一緒に、日本の社会により大きく貢献できる機会を本当に楽しみにしています。

《山中　直》

ソリューションビジネスグループ総括・
ネットワーク&セキュリティ事業部長

小林 泰子

Taiko Kobayashi

私はIT の世界に身を置いて30余年になります。最初は関西、その後東京に転勤し、現在は軽井沢に住んでいます。私が社会人になった時期は、ちょうど男女雇用機会均等法が施行されたタイミングでした。当時の会社も、女性の営業職を増やすという方針を明確に持っており、営業所配属の営業としてキャリアをスタートしました。周囲は今よりももっと男性ばかりでしたね。色々な苦労がありましたが、上司・同僚・お客様にも恵まれ、営業としてのキャリアを積むことができました。また、女性の登用に積極的な会社だったため、女性の先輩たちの背中も見ながら、マネージメントとして数多くの経験を積むことができました。

ヴイエムウェアに来てからは5年が経ったところです。中途採用での入社者が多いので、経験、価値観、考え方や仕事の進め方など本当に様々です。まさに多様性ですね。個々の違いを既存の枠にはめ込んで画一的な状態にするのではなく、認め合い効果的に協業し、自分たちの新たな在り方を作っていける組織を日々目指しています。私自身、多様性からたくさんの刺激をもらっています。男女比で見れば、ITはまだまだ男性が多い業界です。ヴイエムウェア社内を見ても、男性が多いというのが現実です。一方でコロナ禍にも関わらず積極的に女性採用を実現でき、変わってきているという実感

があります。私自身は、女性たちが臆することなく活躍できるよう貢献したいと思っています。中でも、働きがいがあり働きやすい会社という環境、文化を醸成することに力を入れてきました。

コロナ禍では3月以降、ほぼ全社的に在宅勤務となっています。グローバルでは、昨年9月に「Future of Work」という新しい働き方を実現する施策も打ち出しています。場所にとらわれない、社員のニーズをこれまで以上に尊重する働き方を取り入れようというものです。もちろん個人の生活と仕事が両立できていることが前提となりますが、社員それぞれが希望する働き方について、双方のニーズを満たすにはどうすればいいかを模索していくことが基本姿勢です。

実は日本では先んじて数年前からWork@Anywhereという制度を活用しています。制度導入以前も、オフィス以外での仕事を認めていたのですが、明文化されておらず使いにくい雰囲気もありました。VMinclusionという社内のダイバーシティ&インクルージョン推進イニシアティブがあり、Culture Transformationというテーマでこれを取り上げ、全社員の声を聞いてみたところ、非常に多くの要望が寄せられたんですね。特に子育て世代からは男性、女性どちらからもより柔軟な働き方をしたいけど、ためらってしまう雰囲気もあるという声が多くありました。そこで、寄せられた声をもとに経営陣や人事と協力し、Work@Anywhereという形で制度化を実現しました。その結果、それまで曖昧だったものや壁がなくなり、誰でも使えるものになりました。そのため、普段からオフィス以外の場所で働くことが当たり前という文化が根付いており、全社での在宅勤務移行も非常にスムーズでした。また、自社がDigital Workspaceを実現するソリューションを持っており、これをフル活用できたのも大きかったですね。お客様にもより効果的に紹介できるようになりました。

そういった背景があったので、柔軟な働き方が当たり前という文化が定着しています。当たり前になってしまうと存在を意識しなくなる面もありますが、緊急事態宣言下で保育園や学校が閉まっていた時期などは、多様な働き方の価値を再認識することができました。

また、家族や社員の家での様子という、これまでの仕事の仕方ではあまり見えない領域が見られるようになったのは大きな学びでしたね。ウェブ会議をしていると、子どもや家族が登場する機会も増え、それが良い意味で日常になっています。これまで見えていなかった面に触れるという経験がお互いをより一人の人間として理解することになり、インクルージョンを高められたと感じています。

私自身は4年前に東京から軽井沢に引っ越しました。仕事へのネガティブなものは感じていません。ポジティブな影響はたくさんあります。朝は近所に写真を撮りに行ったり、犬たちと散歩に行ったりして充実感を得られていて、それが仕事でも100%の力を発揮できることにつながっています。

人が活躍できるかどうかは、その人の能力だけでなく環境も非常に重要だと思います。ヴイエムウェアは常に環境をより良くするには何ができるかを考え、実行していると感じますね。例えばコロナ禍では、Pandemic Leaveという10日間の特別休暇が、通常の有給に上乗せして付与されました。利用目的の制限はありません。また、EPIC2 Day Offという会社全体の休暇も何度か設けられました。当初は2020年に限っての施策だったのですが、年末にはPandemic Leaveの継続（5日間）とEPIC2 Day Offを継続的に四半期に一度実施するというアナウンスがされました。在宅勤務ではつい根を詰め過ぎることや、これまでと違う環境で自分でも気がついていないストレスもあると思います。私がリーダーとして気にかけるのはメンバーが仕事をしているかではなく、ちゃんと休んでいるかということなので、休みが増えるのは単純に嬉しいですね。

《小林泰子》

イネーブルメントアシスタント
D&I 推進チームメンバー

中村 瑞穂

Mizuho Nakamura

私は入社して1年半程になります。当初は秘書業務を担当していましたが、現在はテクニカルイネーブルメント業務も兼任し、エンジニア向け社内研修の企画、展開も担当しています。実はどちらもこれまでに経験したことのない役割です。ヴイエムウェアが3社目になります。前の2社では誰かに認められるために仕事をしていたと感じます。肩書は「認められた証拠」だと思っていましたが、そこを目標にすると仕事における主語が「○○に評価されるには」という「他人」になってしまいます。このことに気づいた時、初めて「自分がこれをやりたいから」と、自分を主語にした生き方や働き方をしたいと思いました。私は家族との時間を大切にできていないと仕事のパフォーマンスも下がるということが、経験上わかっています。そこでWork@Anywhereをはじめとする、多様な働き方を認めてくれるヴイエムウェアを選んだのです。普段の業務とは別に、以前から携わりたいと希望していた社内のダイバーシティ&インクルージョン推進チームの一員としても活動しています。主にPecha Kuchaという社内イベントを担当しています。仕事以外の写真20枚を、1枚20秒でプレゼンするというものです。仕事外の面を知ってもらうことにより、より深くその人のことを知ってもらおうという目的があります。

現在弊社は全社的に在宅勤務となっていますが、自然発生的な会話が減り、関係が希薄になってしまうという課題があります。Pecha Kucha はそのような環境で繋がりを構築することに一役買っていると感じています。以前は会社の近くのレストランで実施していましたが、在宅になってからはバーチャルで実施しています。場の雰囲気が作れるのかという心配もありましたが、実施してみればこれまでより3倍近くの社員が参加してくれ、プレゼン中のコメントや質問も多く寄せられました。２０２１年は、社内での女性コミュニティ醸成や、社外コミュニティとの繋がり構築を目的とした活動をこれまで以上に強化する予定です。私は学生時代に黒人文学の研究をしており、この時マイノリティという存在に興味を持ちました。自分の思う「当たり前」の価値観は、決して他者にとっては「当たり前」ではないということに気がついたのです。自分が自分らしくいられる場所がとても大切なのではないでしょうか。ダイバーシティ＆インクルージョンは誰もがありのままの自分でいられるための取り組みです。自分自身がまず自分と繋がっている。そして自分のことを理解してもらい、他者を理解できると誰もが感じられる場所になったら、色々なことが変わると信じています。

率直に言ってしまうと、日本法人はまだまだ海外に遅れをとっている部分もあると感じます。見方を変えれば未来を作っていくたくさんの機会があると言えるので、私はそこに大きな期待をしていますし、何らかの形で自分が変革の一部でありたいです。ふたつの役割を兼任しているため、レポートラインも掛け持ちしています。うちひとつは海外です。この中で大切だと感じ、意識して行動していることがいくつかあります。ひとつはキャリア形成における固定観念からの脱却、そして「自分自身のことをきちんと理解する」「自分が本当にやりたいことが何なのか発信する」です。ヴイエムウェアでは、マネージャーとの1on1が頻繁に行われる文化があります。そのやり方においても「あなたがやりたい方法で進めていいよ」とマネージャーが提示してくれたので、最初の半年間の1on1は、私自身の過去の経験や考え方、価値観などを伝える時間として使わせていただきました。その過程で「ピープルデベロップメントに興味がある」ことが伝わったからこそ、社内研修の企画・運営という新たな挑戦をすることができたと感じています。「インクルーシブである」というのは、「相手を否定するのではなく、同調するのでもなく、理解して受け止め認めることである」と私は思っています。マネージャーがそれを行動で示してくれたからこそ、いまの自分があり、ダイバーシティ&インクルージョンの活動にも安心して取り組むことができています。今やっていることの延長線上でキャリアを形成しないといけないというルールはありません。私はふたつの業務をやっていますが、次はまったく違うことをやっているかもしれません。もちろんひとつの職種で進んでいくのも選択肢です。また、例えば「営業はこうあるべき」などポジションや社員の在り方に関して、固定観念にとらわれないことが大事なのではないでしょうか。結果を出すことは当然求められますが、そのやり方は多様であっていいと思います。海外のメンバーと1on1をしていると、日本よりも「あなたはどうなりたいの？」と自分に主語が置かれている質問が多いと感じます。だからこそ、自分と向き合う時間をきちんと取れています。どのような形でキャリアを築くにせよ、自分が何をやりたいのかを常に考え、行動することで自分の思い描く未来に近づいていけると思っています。弊社ではやりたいことがあるのであればどんどんやってみればというカルチャーがあるので、私には非常に居心地がいいです。実際にやりたいこともでき、充実感をもって仕事ができています。やりたいことは取りに行こうとすれば手に入る。自分がやりたいことを明確に開示し、「こういう姿を目指したい」ということを伝えて初めて、キャリアデベロップメントは実現できると私は思っています。《中村瑞穂》

コカ・コーラボトラーズジャパン株式会社

4

Coca-Cola Bottlers Japan Inc.

ケイパビリティー デベロップメント統括部 部長

若林 奈津子

Natsuko Wakabayashi

4 コカ・コーラ ボトラーズジャパン株式会社

コカ・コーラ ボトラーズジャパン株式会社は、清涼飲料水の製造、加工及び販売を行っています。2017年4月にコカ・コーラ イーストジャパン株式会社とコカ・コーラ ウエスト株式会社の統合により誕生しました。事業エリアは、東京、大阪をはじめとする1都2府35県で、売上高においてアジア最大、世界でも有数の規模を誇るコカ・コーラボトラーです(※2020年12月現在)。

私は、新卒で大阪・京都・兵庫を事業エリアとしていた近畿コカ・コーラ ボトリング株式会社に入社しました。製造や財務、営業企画など、入社からさまざまな部署を経験しています。現在は営業部門のケイパビリティーデベロップメント統括部の部長に就任し、新しい領域へのチャレンジを始めています。

また、昨年からは新しいビジネスを企画し、"withコロナ"のオフィスに求められる製品やサービスをカスタマーに提供するというプロジェクトにも携わっています。目に見えるかたちで何かを生み出し、それを利用する方に喜んでいただき、結果として、会社の成長に貢献できることは、非常にやりがいを感じられ、楽しく働くことができています。私は仕事をする上で、こういった「目的」を最も大事にしています。

当社は、「すべての人にハッピーなひとときをお届けし、価値を創造すること」をミッションとし、ビジョンのひとつである「コカ・コーラに誇りを持ち誰もが働きやすい職場の実現」に向けてダイバーシティ&インクルージョンを推進しています。私たちが多くのお客さまに親しまれる飲料ブランドであり続けるためには、さまざまなお客さまの想いを想像し、理解することが大切です。そのためにも、社員一人ひとりの多様性を尊重し、すべての社員が能力を最大限に発揮できる機会を提供することが不可欠だと考えています。

代表取締役社長カリン・ドラガンは、多様性への取り組みを推進することで、企業としてさらに価値・競争力を高めていくことができるとし、取締役会の構成を一新しました。取締役会には、3名の女性と6名の外国籍のメンバーが役員として選任されました(※2021年1月時点2名)。多様性を尊重する姿勢を組織のトップが率先して実践したので、「これから変わっていくんだ」と実感したことを覚えています。

続いて、企業理念「Paint it RED! 未来を塗りかえろ。」と人材戦略「ピープルストラテジー」が策定されました。これらは、ダイバーシティ&インクルージョン、透明性、戦略的コミュニケーション文化のある健全な職場環境をベースとした採用、能力開発、育成、評価の柱を立て、すべての人が活躍し、価値創造につなぐことを目指すものです。

前述の通り、当社で働く社員の男女の構成比には偏りがあります。女性社員が正当に評価され、活躍のチャンスを得ているかというと、まだそこまではたどり着いていないように感じます。その結果が、女性の管理職比率6・2％（※2021年1月現在）という数字の現れだと思います。

当社はこの事実から目を背けることなく向き合い、この課題を重要な経営戦略として位置付けています。旧来の社員像に偏りがちであった制度や配置を見直し、柔軟な働き方を実現できる環境を整備しながら、国籍や性別、障がいの有無に関わらず、優秀な人財が活躍するための取り組みを加速させています。私自身、この変革を働きながら肌で実感しています。

女性活躍推進については、採用（採用数の拡大）、育成（パイプラインの強化）、意識改革（管理職への啓発）の3つを中心に取り組みを行っています。

採用では、新卒全体における女性社員の割合が50％を維持することを目指しており、大卒女性比率は2018年よりこの目標値を超えています。

育成においては、昨年より女性に特化して重要なポジションの後継候補者を選抜し育成するプロジェクト、「女性ピープルデベロップメントフォーラム」を開催しています。女性人財のパイプラインを構築するため、女性人財のキャリア支援を行うスポンサーシッププログラムを開始しました。私もこのスポンサーシッププログラムにこれから参加します。業務のレポートラインとは異なる役員がスポンサーとなり、中長期の視点からキャリアに対してアドバイスするという非常に斬新なプログラムなので、とても楽しみにしています。

他にも、性差問わず能力に応じて人財の育成研修も実施しており、昨年度は若手リーダーをターゲットとした次世代リーダーシップ研修「コカ・コーラ ユニバーシティジャパン」を開講、今年度からは新たに部長層と課長層にも開講します。

人財を選定し、計画的に育成することで、意思決定の場に多様な人材が参画できるようになると思います。異なる考え方や価値観を持った多様な人材が活躍できる取り組みを継続することが、これからの当社の未来に繋がっていくと考えています。

そして、女性活躍推進というと、女性人財に対する施策にフォーカスしがちですが、もう1つ大事な視点は、女性人財の育成と活躍を支援する立場である管理職に、どう働きかけるかだと思います。これが3つ目の意識改革です。

昨年、インクルーシブな風土醸成に向けて管理職を対象に、無意識のバイアスに関する研修を実施しました。意識を変革する取り組みはすぐに効果がでることはありませんが、先を見据えて多様な社員が働きやすい、活躍できる場を増やしていくことに寄与すると信じています。

また、性別にかかわらず、育児参画意識の向上、職場全体に育児参加や育児休暇取得への心遣いや共感、理解を深めてもらうことを目的に、子供が誕生した社員に育児参加へのメッセージとともにオリジナルデザインのエプロン「パパエプロン」をプレゼントする取り組みがあります。特に男性社員は子供が誕生しても周囲に気づかれないことが多々あります。この取り組みにより育児休業・配偶者出産休暇制度への理解が促進され、男性が育児参画しやすい職場の雰囲気の醸成につながっています。

昨年は新型コロナウイルス感染拡大の影響により、世の中が一変しました。誰もが予測していなかった変化に戸惑い、不安を持ったと思います。当社は、学校の休校に関する報道があった当日に、社長メッセージを配信し、翌日には具体的な対応方法が全社員に周知されました。例えば、スーパーフレックスの暫定導入（２０２０年８月より正式導入）、ベビーシッター費用全額補助・特別休暇付与、派遣社員へのテレワーク拡大、営業の直行直帰などです。子供を持つ社員からは、このスピーディーな対応と社長メッセージに対して「非常に心強く、安心して働くことができる」という声があがりました。それ以降も、サテライトオフィスの拠点拡大、自転車通勤の推進等、〝ｗｉｔｈコロナ〟の柔軟な働き方を実現するための施策が次々と導入されています。

私自身の経験を通して言えることは、「自分のやりたいことを周囲に伝えること」はとても大切だということです。仕事の内容も含め、自分の意思を周りの人に伝える。自分一人ではできないことは、サポートを求める。きっとあなたをサポートしてくれる、応援してくれる方はいるはずです。自分で限界を決めず、自分には見えていない可能性に賭けてみることで、新たな世界が広がるかもしれません。変革していくコカ・コーラ ボトラーズジャパンでは、性別や年齢などにとらわれずに、お互いにサポートしあってさまざまなことに挑戦していけると私は思っています。

《若林奈津子》

日本コカ・コーラ株式会社

5

Coca-Cola(Japan)Company, Limited

人事本部 バイスプレジデント

パトリック・ジョーダン

Patrick Jordan

大学を出て最初に就職したのは銀行で、クレジットアナリストとしてキャリアをスタートさせました。法人向けの銀行だったので、朝8時から夜の11時までという長時間労働を続けていました。当時は若くて野心家でしたから、もっとお金を稼ぎたい、昇進したいと思っていましたね。でも、2年半ほど勤めて退職しました。世界中を旅したいと思うようになり、それから、旅行では南米を中心に周りました。そして、その途中でオーストラリアに足を運んだときのことです。素晴らしい天気と美しいビーチに魅了され、私はその日から20年間、オーストラリアに住むことになりました。

オーストラリアではComputershareという会社に就職し、クライアント担当の役職に就きました。そして、その会社を経て、投資銀行に転職しました。しかしご存知の通り、2009年に世界的な不況が起き、銀行は潰れてしまいました。この会社について「最悪の職場だったろう」と多くの人に言われましたが、私はそうは思っていません。そこでの経験から、私は多くのことを学んだからです。自分にとっての良い職場とそうではない職場。なりたくない人物像と、こうでありたいという自分。自分自身の反省点も見つけることができ、多くのことを考えさせられました。

そして大きな転機もありました。自分がゲイであることをカミングアウトしたことです。30歳の時のことでした。このプロセスで、私は自分自身について、本当に多くのことを考えさせられました。とてもナーバスになり、私の全人生を否定されるのではないかと思っていました。しかし周囲の人々や、上司が、私にたくさんの愛と心配りをしてくれました。そして気づきを与えてくれました。強くて前向きな人と一緒にいることは、自分を高めてくれることに。

その結果、私は人々が直面するネガティブな感情にフォーカスしすぎず、立ち向かえるようになることを決意しました。

上司はまた、私に率直であることの意義を教えてくれました。率直さとは、いかに簡潔でポジティブな方法で率直になるかということです。マイナスな感情に振り回されて攻撃的や悲観的にならないこと、人の話を真摯に受け止めること、そこからより多くのことを得るための方法を学びました。

そして、私は自分自身について深く考え、自分に正直であることができるよう、人前で自分がLGBTQの当事者であることを話す機会も持つようになりました。その結果、LGBTQの人や、その家族から、時には泣きながら「気持ちが楽になった」「家族を理解できるようになった」などと伝えられる経験をしました。このような経験を通じて、こんなに素晴らしいことを実現できる力や自身の影響力こそがリーダーシップだと実感することで、より良いリーダーになりたいという志も新たに感じました。

そして、その後私は飲料企業であるコカ・コーラ社で働くことになりました。

もっと上のポジションがあるはずだという人もいましたが、私には入社時のポジションよりも大事なものがありました。

私自身が自分の価値観を信じることができ、周囲の人々が私の価値観を尊重してくれるような場所で働きたいと思っていたのです。さらに、ここから上に向かう可能性を信じられる職場でもありました。

コカ・コーラ社に入社して1年後、南太平洋地域の人事ディレクターに就任しました。南太平洋地域では、ジェンダーやLGBTQ等を含めたダイバーシティ&インクルージョンが重視されています。ウェルビーイングやメンタルヘルスにも力を入れており、実際に浸透していると肌で感じられました。

その後、日本のコカ・コーラ社で働くことになりました。オーストラリアでしてきたことと同じように、指導やコーチングをした時に、相手の反応が違うことに気づきました。「あなたのビジョンはなんですか?」これは私が発する重要な質問のひとつです。日本では特に女性の場合、自分自身のビジョンについて明確に表現することにハードルを感じているように思いました。はじめは、その理由がわからず苦心しましたが、ある女性社員からヒントをもらうことができました。職場での個人のビジョンを話す中で、例えば、子どもを持つ女性を職場でサポートすることはできます。けれどそれだけでは不十分です。家庭でもサポートがあるかどうかを十分に確認する必要があります。

日本のコカ・コーラシステムでは、環境や日常生活、私たちを取り巻く地域社会などの各場面で、日本が直面する重要な課題に対し、ビジネスを通じて変化をもたらし、さわやかさを届けながら、未来を共創していくことに責任をもって取り組んでいます。それらを実現していくために、2019年、3つのプラットフォームと9つの重点課題に分類した、サスティナビリティーフレームワークを導入しました。そこには持続可能であるべき様々な課題（多様性の尊重、地域社会、資源）3つのプラットフォームが掲げられています。多様性の尊重は、柱のひとつとしており、その中にジェンダー、年齢・世代、障がい者支援、LGBTQにおいても重点課題として取り組んでいます。人事という枠を超え、企業戦略の重要な要素として組み込んでいるのです。

目標は明確です。日本コカ・コーラ社と韓国コカ・コーラ

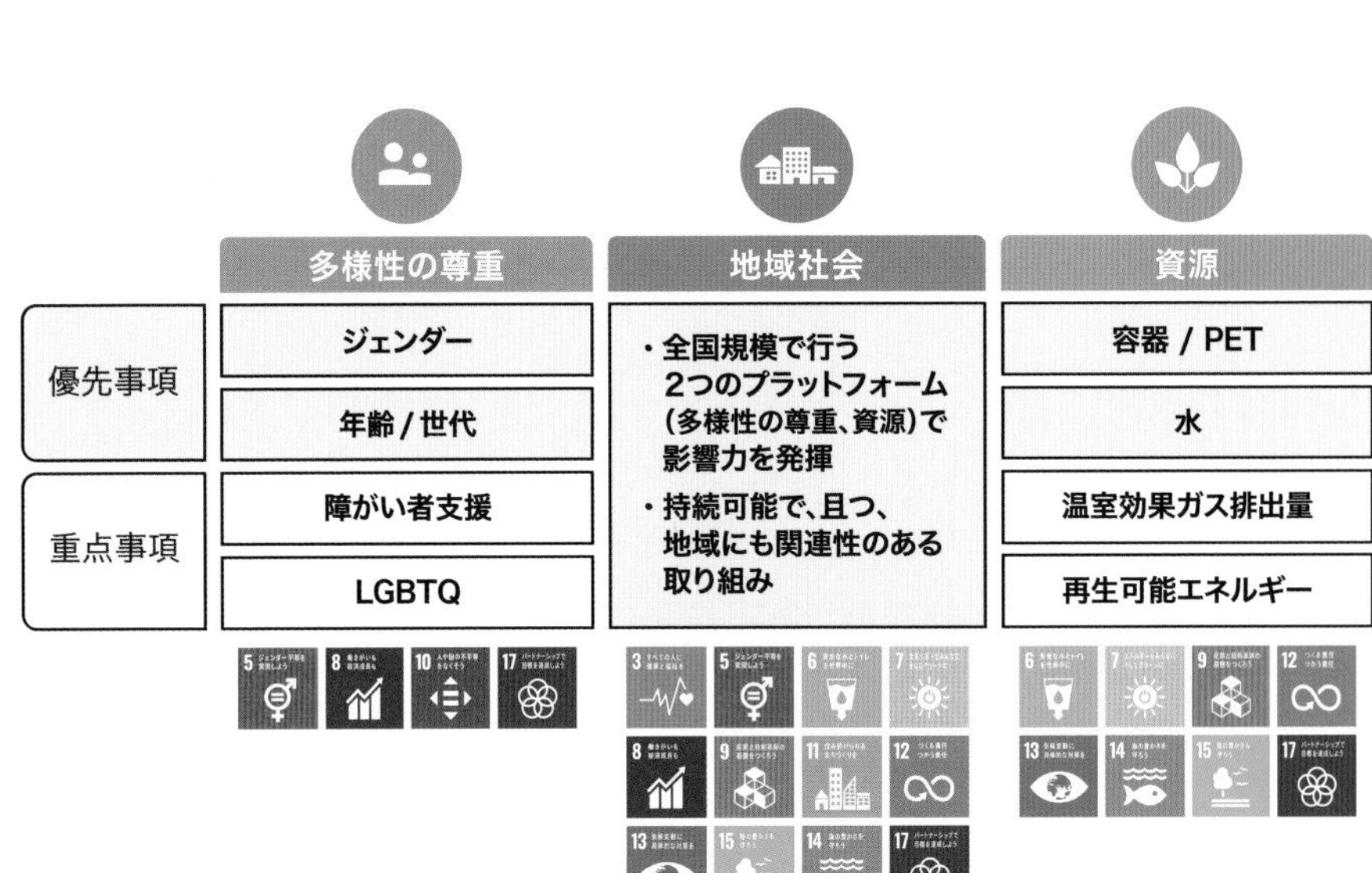

社では、2030年までに女性管理職の比率を50%にすることを目標にしています。そのために、特に女性リーダーに注目したいと思っています。たとえば関連するイベントに参加したり、講演の機会をつくったりすることを考えています。スーツを着た男性だけではなく、女性の感性を求めています。同時に、政府の担当者と話し合い、どのように政府のインクルージョンをサポートしていくのかを模索しています。

ジェンダーを、日本のリーダーシップチームが作成した強力な原則のひとつとする認識を高めるために、すべてのリーダーのデータ収集、分析も行いました。そういった再設計を行なったことで、2020年12月30日時点で17%だった女性管理職の割合が、翌年1月1日には30%にまで改善しました。これまでの仕組みを変え、プロモーションも見直しました。

また、新型コロナウイルスは、私たちに様々なことを見直す機会を与えました。多様性の尊重におけるアジェンダにおいても大きな助けになった面もあります。実際、大きな前進を遂げることができました。10年後に女性管理職の比率50%という目標は、もっと早く達成できると確信しています。

リーダーとしての私の仕事は、誰かの味方をするのではなく、人々が自分のアイデアを使って最善の解決策を考え出すのをサポートすることです。

「98%の人は、毎日最高の仕事をするために出勤してくる」という私の哲学は揺るぎません。人々は毎日最悪の人生を送るために朝起きるのではありません。しかしながら、職場で怒鳴ったり、イライラしたりしている人もいます。そのような人は、朝、パートナーとケンカをしたのかもしれない。病気の家族がいて大変なのかもしれない。様々な事情を抱えているのかもしれません。

偉大なリーダーになるためには、そしてインクルージョンな環境を作るためには、相手に何を言われたかで判断してはいけません。相手の人生に何が起こっているのかを考えることです。それが相手を理解することにつながります。その人の行動の理由を知れば、成長を助けることができます。人々の話に耳を傾け、理解することがリーダーには不可欠です。それがみんなにとってより良い環境をつくることにつながるのです。

《パトリック・ジョーダン》

■コカ・コーラシステムとは

日本のコカ・コーラシステムは、原液の供給と製品の企画開発やマーケティング活動を行う日本コカ・コーラ株式会社と、製品の製造・販売などを担う5つのボトラー会社および関連会社で構成されています。

株式会社セールスフォース・ドットコム

salesforce.com Co.,Ltd.

セールスフォース イノベーション センター室長
シニアディレクター

杉山 真理子

Mariko Sugiyama

私は大学で経営工学を専攻し、数学や統計を利用して、世の中にある不便さを最適な方法で解決するアプローチを学び、それをコンピュータで実現しようと日本IBMにエンジニアとして入社しました。7～8年働いた後、技術そのものよりも、技術を使う人間と関わることに楽しさを感じ、自社製品の教育に注力するポジションとして、日本オラクルに転職しました。

実はエンジニアを辞めた時に、少し自分の時間も作ろうと専業主婦をしたのですが、「○○さんの奥さん」ではなく、「杉山真理子」としても生きたいと感じ、転職後に出産も経験しましたが、仕事を続ける選択をしています。3社目は統計情報の会社で教育部門長になるチャンスをいただき転職。その後、当社に転職を決めたのは、「世の中を良くするためにコンピュータを使う」という大学生の頃の原点に返ったためです。当時は、「クラウドとは何か」もあまり知られていない時代でしたが、当社の創業者であるマーク・ベニオフが「ITの民主化」を掲げており、私の昔からの考えを実現できる会社であると感じました。

当社にはカスタマーサクセス部門の教育責任者として入り、その後は社内でキャリアチェンジをして、2018年から「イノベーションセンター」に異動。私はこの部署の役割を広

義に「教育」と捉えていますが、経営者や事業責任者の方々に、デジタルを使用することで生まれる可能性を示し、インスピレーションを感じる機会を提供しています。

さて、当社は「信頼・カスタマーサクセス・イノベーション・平等」の4つの価値観を大切にし、「コアバリュー」と呼んでいますが、それを新しい社員にも浸透させる努力をしています。当社において、データやプロセスの公開は透明性が高く、課題も可視化できます。その土壌で多様性がもたらすアイデアが、イノベーションを起こしてきました。そんな中、私がリーダーとしてチームを編成する時に大切にしているのは、多様性です。チームメンバーを増やす時には、チーム内の経験値を広げる方向で募集します。2019年も「非IT バックグラウンドの方」や「アジア居住経験を持つ方」などを採用しました。

リーダーは、チームの総合力を上げるのが仕事ですが、私は「動物園のような個性あふれる集団」こそ、力を最大化できると考えており、メンバーが本来持つ実力を十分発揮できるように、「話しかけると傾聴するを繰り返すこと」を大切にしています。ゴールがずれ、不協和音が生じた時には話を聞くことにより、各自の思考のルート構造が理解できます。止まった水をすぐ開通するのが私の役割です。チームに多様性があれば、複数の発想や着眼点を持つこともできます。単一チームの方が信頼関係を構築し結束しやすい面もありますが、多様性のあるチームは「一人の時間×人数分」の発想力に溢れています。

当社では「ウーマンズネットワーク」という女性活躍を促進する20名ほどの従業員主体のグループがあるのですが、ある時話し合いで、私たちの活動への男性の参加率の低さが話題になりました。しかし、メンバーの中の男性が「そもそも男性が参加したいネタがないのでは」と発言し、風向きが変わりました。その後、男女共通のテーマとは何かに話題が進展し、会に参加するための男性の動機付けにも着眼し、男性の参加者を増やすことができました。「ウーマンズネットワーク」の活動も当社のプラットフォームを活用することで情報を可視化でき、関心のあるテーマに主体的な姿勢で参加できるような広がりを期待しています。

私がIT企業において、女性であることで残念な思いをしたことがあるとすれば、初対面での「女性への期待値が低い」傾向にあるため、マイナスの出発点から相応の知識を持つことを証明し、信頼を得るところまでもっていかなければならないということでした。

また、私自身は二人の子どもを育てながら働いていますが、セミナーのパネルディスカッションの参加者から「育児休暇がマイナスにならないか」と質問を受けたことがあります。その返答を少しお話しすると、私の経験上、子育てなど仕事以外の様々な経験や時間は、自分の人間形成に絶対プラスに働いています。会社員として止まっている期間は遠回りと感じるかもしれませんが、「最短が良い」と考えず、人間の度量が広がる時を、ポジティブに捉えましょう。また、子育ての助言としては、テイクアウトやアウトソーシングなど、頼れるものは頼り、「どちらも完璧にこなさなきゃ」と思わないことです。人と比較せず、時には自分を褒めてあげることも大切です。

最後に次世代の女性リーダーに対し「一歩前に出てみましょう」という言葉を贈ります。当社はテクノロジーを推進する会社ですが、これからはそれを活用するホスピタリティやクリエイティビティの重要性が益々高まります。女性は共感力が豊かな方も多く、その強みを生かせる土壌は広がっています。まずは一歩を踏み出し、やってみましょう。

《杉山真理子》

コマーシャル営業本部 第二営業本部 本部長

西田 晶子

Akiko Nishida

私は大学を卒業してから人材系広告会社で約4年間、営業に従事し、当社に転職しました。前社は若い上場企業で、結果を出せば昇進でき、当時は、もっと自分自身の市場価値をあげ、自信をつけてからマネジメントをしたいと考えており、27歳で転職を決意しました。転職期の2010年はちょうどクラウドが流行りだした頃で、IT・成長企業で働きたいという動機もあり、当社に入社しました。

前職がITのバックグラウンドがない業種であったため、私はゼロベースからのキャリア再スタートでした。「インサイドセールス」と呼ばれる部署で、引き合いのあったお客様の案件を作るところから始め、約1年半でアウトバウンド部隊に昇格。その後、1年ほどで従来の営業と呼ばれる、フィールドセールスに昇格しました。そこでは、中小企業を中心に担当し、途中から地方担当として成績を上げました。その頃、マネージャーへの道も見え始めました。

ですが、私は当時、マネジメントをやるという思い切りができず、社内の公募で個別に用意されたセールスイネーブルメントへ異動を希望しました。異動先では、まだ営業として体系化・再現性の確保ができていない部分にアプローチし、前職での経験も合わせて棚卸し、営業パーソンが実績を上げるための知恵を1年かけて体系化していくプロセスを学びま

した。しかし、体系化する面白さを感じながらも、10年近く営業の前線で働いてきたこともあり、わかりやすく結果が評価され、ダイナミックに仕事ができる現場に戻りたいと思うようになりました。2017年に営業マネージャーになるお話しがあり、古巣に戻りました。その後、マネジメントを3年間担当し、2020年からマネージャーのマネジメントを担う役割につき、今では60名近いメンバーを率いています。

当社は1年単位でプロモーションを図れる、循環型組織の特性があります。そのため、私も目標から遡ってキャリアを自ら選択するというより、まずは与えられたポジションで成果を出すことで新しい道を開いてきたような気がします。ある時、外部のメンターに「キャリアは3年で考えること」と教わりました。1年目はアンラーニング、2年目は自分の型を作りつつ確実に実績を出し、3年目には次のキャリアを見据えるための準備期間。この考え方は今の私の土台になっています。

現在の私の役割として、まずチームの多様性を大切にしています。採用シーンでは、あえて自分にはない強みを持つ人を選びます。その中でリーダーとして「驕らない」「自分の能力を勘違いしない」ことを心掛けてきました。リードしつつも、現場の声を拾い、メンバーとコラボレーションするスタンスを大切にしています。実はこの考え方は、メンターをはじめ、様々な方から影響を受けたものです。メンターの一人が「あなたは、メンバーから色々な声を吸い上げることのできるタイプのリーダー（賛同型リーダー）になれる」と助言してくれました。わりと素直な性格で、人から言われたことは愚直に取り入れています。

当社にはメンター制度があります。私は外部にもメンターを置き、話を聞きます。同じ会社に10年も在籍すると、社内ネットワークは増えますが、外に目を向ける機会が減るので、外部への情報やネットワーク作りに意識して取り組んでいます。私はオンとオフの線引きが苦手で、気づくと、平日は仕事一色です。あるメンバーから「西田さん、仕事だけで楽しいですか?」と聞かれ、そのつもりはなくても、そのように見えているなら立場上良くないと思い最近、平日夜21時からオンラインピラティスを始めました。メンバーにも土日や夜18時以降はリフレッシュしてほしいと考えています。

私の組織はちょうど各家庭の環境が転換する時期でもあります。17時以降は一旦仕事ができない人もいるので、「out of office」やPTO(有給休暇)が社内で公開されます。今、日本の企業全体が働き方を見直す必要に迫られる中で、当社はそれに率先して取り組むガイドラインがあり、私の部署も第三四半期でチーム一丸となって働く中、1日推奨休暇を作りました。

さて、2020年はコロナウイルスの感染拡大により色々な面で変化が大きい年でしたが、働き方においては、在宅ワークの環境整備はスムーズでした。オンラインで移動時間が省略されたため、お客様とのショートミーティングを増やし、前年平均は月40~50件だったところ、7月には一人あたり月間約100件の面談を実施しました。大変な時に「お客様が何に困っているか」「私たちが貢献し、提供できる価値は何か」その答えはお客様が持っているという原点に立ち返りました。

コロナ禍では、適応力を持つ必要に迫られ、リモートで営業する機会が増えるなどもあり、より企業力が身に付きました。また、DXに軸を持たないと企業が存続できない環境になっているので、お客様のDXを力強くサポートできる良い機会であるとポジティブに捉えて活動しています。

次世代の女性リーダーに向けて最後にメッセージを届けます。20~30代はキャリアの土台を作る大切な時期です。結婚や出産が重なるでしょうが、自分の居場所を作ってみてください。会社での肩書や看板に頼るのではなく、自力をつける時代です。「あなたが会社を飛び出した時、あなたの強みや個性が他社で求められるか」それを視野に入れてキャリアを積んでください。

《西田晶子》

カスタマーサクセス 統括本部
サクセスプログラム部長

坂内 明子

Akiko Bannai

私は大学卒業後、シアトルの新聞社でインターンをしている時、当社を知りました。当時はまだ企業規模が小さいながらも、そのビジネスの可能性や、社会貢献活動を統合させた「1：1：1モデル」を掲げていることに興味を持ち、帰国後、41番目の社員として入社したのです。入社後、インサイドセールスを2年務め、当社がはじめて作った言葉として知られる「カスタマーサクセス」の担当者として、立ち上げから6年半の間従事しました。次のステップに悩む中で、大手製造会社を中心に販売の技術提案をする「プリセールスエンジニア」部門に3年間勤務しました。出産と育休を経て、現在のカスタマーサクセス統括本部に戻り、顧客向けに活用促進や業務の価値を上げるマーケティングなど、多様なプログラムを仕掛ける部門のマネージングをしています。

私のキャリアの中で印象的だった経験は、「カスタマーサクセス」から「プリセールスエンジニア」へのキャリアチェンジでした。「カスタマーサクセス」での6年は、私に大きな影響を与えましたが、もっと自身のキャリアの領域を広げていきたいと考えた時に、ちょうどセールスエンジニアとしてプリセールスを経験してみないか、という声がけをいただきました。新しい役割で、かつ、お客様の層も全くそれまでとは異なっていたので、今まで自分が自信を持って提案してき

たことが全く通じず、まさにゼロからの学び直しでした。自身の能力を過信していたと強く感じたのもこの時です。この30代前半での苦労は、今のキャリアやマネジメントに大きく影響していると思います。

さて、当社はベンチャーから成長し、私はその過程を見てきました。企業が大きくなる中で、制度の整備が追い付かないことはありましたが、当社には「お客様の成功のためには、社員レベルに関係なく率直に意見を伝えるべき」というオープンかつフラットな文化があり、それらがイノベーションを起こしてきた歴史を持ちます。そのため、私自身も制度に先んじて、自分のマインドを高めていくことができたと考えます。

当社のイノベーションに大きな役割を果たしたひとつは「V2MOM（ブイツーマム）」です。これは、当社の造語で、「Vision（ビジョン）、Values（価値）、Methods（方法）、Obstacles（障害）、Measures（基準）」に基づき、「届けられる価値は何か」、「その価値をどのように実現するのか」、「どう数値化してトラッキングするのか」などを各自が年初に設定するものです。ビジネス仕様だけではなく、ボランティアや社会平等の追求なども設定でき、仕事以外のマインドを高められる仕組みで、V2MOMは、当社が独自の文化を築く基礎になりました。

ちなみに、私のビジョンは「お客様の成功」です。「Salesforce」を学んだ多くの女性や社会的マイノリティーの方が、「雇用機会を得る」「契約社員から正社員に登用される」「キャリアアップする」などを実現しています。それらは各企業の経済も高め、社会平等の実現に繋がります。ビジョンを実現するため、リーダーとして私が大切にしているのは、個々の思いやスキルを見ることです。「前例無きはナシ」ではなく、無意識の偏見をなくして行動することがリーダー職に求められています。周囲を見ると、「女性活用の真の意義を理解できていない」と感じるシーンもあります。例えば、女性を活躍させたいという思いが強すぎて「女性が入社してくれた」「女性のリーダーだ」というくくりで個のスキルに言及がない等です。ただし、こういった流れは過渡期である現在は致し方ないものかもしれません。いつか「女性がいることが当たり前、女性管理職が当たり前」になっていけば、変わっていくものだと思います。

当社では女性登用に関し積極的に取り組んでおり、経営陣はその数値目標を掲げています。社内には前述した「ウーマンズネットワーク」という、女性活躍躍進のためのグループが存在し、女性の声を聴き、男性マネージャーに理解を深めてもらいます。当社がこの分野で特に優れていると思う点は、「無意識な偏見」に対するトレーニングを全員が受けることです。「アンコンシャスバイアス」の言葉がまだ一般的でない中、非常に良いトレーニングだと思います。今後、すべての企業で社内文化への向き合いは必須になってくるでしょう。

2020年について少しお話ししますと、コロナ禍においては多くの企業が新たな環境への適応に苦労されています。企業によっては在宅のための仕組みは整えても、企業文化や評価が追いつかない、というケースも少なくありませんでした。社内に透明性のある評価制度がない場合、互いのコミュニケーションはさらに難しくなります。一人一人の従業員満足度を重要視しているかもひとつの問題です。社員の満足のために、ファーストラインのマネージャーから全管理職まで、「社員が気持ちよくパフォーマンスを出すためのマネジメント」を真剣に検討するための仕組みが必要です。

当社はコロナ禍に置いて、常に改善志向を持ってアイデアを出し、それが迅速に決定し、施行されました。各社の「文化の成熟度」はこれから一層問われることになります。日本の女性活躍においては、全体のマインドセットはどうしても時間を要するものもある以上、ある程度の数値目標を設定し、強制的に数値を上げるオーバースイングも必要です。女性の活躍を当たり前のものにするための梃入れです。

次世代の女性に向けて助言するなら、「用意された馬には、必ず乗れ」です。「自分に自信がない」「やっていけるかわからない」と勝手に自らチャンスを逃さないでほしい。将来の女性リーダーにひとつ言葉を贈ります。「あなたはやれる方です。まずはやってみてください」

《坂内明子》

デロイト トーマツ コンサルティング合同会社

7

Deloitte Tohmatsu Consulting LLC

ジェンダーストラテジーリーダー
30%ClubJapan 創設者

只松 美智子

Michiko Tadamatsu

――今までのキャリアジャーニーについてお話しください

大学卒業後、外資コンサルティングファームを経て2010年にデロイト トーマツ コンサルティングに入社しました。一貫して、金融業界のコンサルタントとしてM&Aを中心に、多くの組織・業務改革のプロジェクトに従事していました。

2017年にデロイト トーマツ グループのダイバーシティ&インクルージョンオフィスの立ち上げをリードした際、30% Clubを知りました。30% Clubは企業の取締役会を含む重要意思決定機関の多様性を促進することで、企業の持続的成長、ひいては社会全体の持続可能性の向上を目的とした世界的なキャンペーンで多くの国で実績を残していました。その話を聞いて、日本支部を立ち上げようと思い立ちました。

また、当時所属していた金融事業部では活動が難しかったため、社会課題の解決に向けたコンサルティングサービスを提供する「Social Impact」のユニット長に直談判し、異動させていただきました。当社では企業の社会的責任を重視し、持続可能な社会にとって意味のあるインパクトを創造する活動を積極的に展開していたので、ユニット長もそれを受け入れてくれました。

それが2018年です。その後は、日本における30％Ｃｌｕｂの立ち上げに注力し、ジェンダー平等が遅々として進まない日本で、10か月ほどで立ち上げを実現しました。

――なぜ30％Ｃｌｕｂを立ち上げようと決意されたのでしょうか？

日本は、世界経済フォーラムの「ジェンダーギャップ指数（ＧＧＩ）」ランキングの低さからも分かる通り、ジェンダー平等の実現が諸外国と比較して著しく遅れています。

このジェンダー格差が、日本の競争力と持続可能性を大きく損なわせていることを多くの人が理解していないこと、それ故に変化のスピードが遅く、世界で取り残され存在感を失っていく日本に大きな危機感を感じていました。

また、国内に目を向けると、山積する社会課題の根底には、格差と不平等があります。我が国の相対貧困率はＯＥＣＤ加盟国の中でも非常に高く、シングルマザー世帯の子どもの2人に1人は貧困の状態にあります。

国連の「世界幸福度ランキング」でも日本は順位を落とし続けており、2020年は62位という結果でした。多くの人、特に若年層が、夢と希望を持てない社会を次世代に残すわけにはいかないという強い思いがありました。

また、30％Ｃｌｕｂはよくあるダイバーシティの取り組みとは全く違うレベルのものであることも30％Ｃｌｕｂを立ち上げようと思った理由です。他の取り組みと決定的に違うのは、30％Ｃｌｕｂはジェンダー平等を実現するための「仕組み」であるという点です。

30％Ｃｌｕｂはジェンダー格差の問題を解決するために重要となるステークホルダー（利害関係者）が協働し、「コレクティブ（集合的な）・インパクト」を生み出す仕組みなのです。

――「コレクティブ・インパクト」に関して詳しく教えてください

「コレクティブ・インパクト」とは、個別の努力の限界を超えて、協働を通じて生み出す大きな変化を指します。

慢性的で複雑な社会課題の多くは、様々なセクターの、様々なステークホルダーが複雑に絡み合っているため、一つのセクターのみの努力では、効果は限定的で、根本的な解決に至りません。その社会課題の解決において、重要となるステークホルダーが、同じ目標を掲げ、同じ戦略のもと、協力し合いながら取り組みを推進することで、効果的に、効率的に、そして網羅的に問題の解決を狙う手法が「コレクティブ・インパクト」アプローチです。

複雑な社会課題の解決に大変有効であるとして、昨今注目を集めています。我々のような社会課題を解決する専門家は、効果が限定的な一時的な取り組みではなく、持続的な効果と変化を狙える「仕組み」を構築することで根本的な解決を目指します。

30％Ｃｌｕｂは、企業、企業団体以外に、機関投資家、メディア、大学、政府、プロフェショナルサービスファーム（コンサルティングファームや弁護士事務所等）等が協働し、コレクティブ・インパクトを生み出すことで、各展開国で確実に企業のトップ層に占める女性割合を向上しています。

――コロナ禍において企業におけるダイバーシティの意味に変化はありますか？

新型コロナウィルスはリスクが顕在化した一つの例であって、そもそも私たちは今、不確実性が非常に高い世界で生きています。

情報や経済のグローバル化、ＡＩなどの技術革新、人口動態の変化、気候変動リスク、地政学リスク、そして新型コロナウィルスなどの感染症リスクなど、誰も経験したことがない、予測が非常に困難な時代に突入しました。

このような状況で、企業が企業価値を高め、持続的成長を実現するための「解」はこれまでの延長線上にはありません。イノベーションは違う価値観がぶつかることによって生まれます。そのために、企業はすべての従業員が安心して、ポテンシャルをフルに発揮できる、そして公平に機会が与えられる環境を整備することが求められます。

コロナ禍であろうとなかろうと、ダイバーシティは企業の競争力と成長の源になりうる重要な価値であり、企業は今後、ダイバーシティの実現無しに生き残ることは難しいと考えます。

30% Club Japanは、企業のダイバーシティの中でもトップ層、特に重要意思決定機関のダイバーシティを重視しています。

何故なら、そこで企業の方向性、戦略に関わる重要な決定が行われ、多くのステークホルダー（株主、従業員、取引先、地域社会等）に大きな影響を及ぼすからです。

意思決定機関が偏ったメンバーで構成されている場合、「グループシンク（集団浅慮）」の症状に陥りやすく、企業を誤った方向に導く可能性が高くなります。グループシンクは自分たちの集団に対しての過大評価、外部の集団や環境に対する過小評価、外部の意見や警告、都合が悪い情報の遮断、同調圧力等を引き起こします。

意思決定機関のダイバーシティが担保されることで、網羅的な議論が可能になり、ガバナンスの向上、リスク管理機能の向上、そして効果的な戦略の立案に繋がり、企業を正しい方向に導くことが可能になります。

――日本でジェンダー平等を実現するためには何が必要ですか？

日本のデータを見ると、ジェンダー平等は着実に改善しています。30% Club Japanの調べでは、TOPIX100の女性役員割合は2018年は8%でしたが2020年には約13%まで増え、2年間で5%増えています。

そもそもGGIにおいて日本の順位が下がり続けている要因は、諸外国のスピードに追い付けないという点です。ジェンダー平等を社会変革やグローバル市場における競争力向上の推進力として推し進めてきた諸外国では、積極的改善措置（ポジティブ・アクション）など、より踏み込んだ取り組みを積極的に実施しています。

日本が諸外国のスピードに追い付くためには、経済分野と同様に指導的立場における女性参画が著しく低い政治分野の改善も求められます。政治分野では、各政党による、自発的なクォータ制を実行する必要があると考えます。

――今後の活動を教えてください

30% Club Japanは、今後も活動を活発に行っていく一方で、30% Clubではリーチが難しい、地方、中小企業、若年層等を巻き込んだ、ジェンダー平等を加速させる「仕組み」を構想中です。上記3つの領域を対象とした仕組みをモデルケースとして1つの自治体で構築し、それを他の自治体にも展開していきたいと考えています。

加えて、金融業界のコンサルタントとしての知識と経験を基に、金融の力で社会に意味のあるインパクトを創造していきたいと考えています。例えばSocial Impact Bondの展開です。

すべての人がジェンダーやその他特性に関係なく、自分の意思に基づき安心して個性と能力を発揮できる社会、すべての人に平等に機会が与えられる公平な社会、そしてすべての人が夢と希望を持てる社会の実現に向け、今後も邁進していきたいと考えています。

《只松美智子》

D&I スペシャリストリード
CPEO Office マネージャー

児玉 都

Miyako Kodama

――児玉さんの、今までのキャリアジャーニーについてお話しください

私は大学卒業後、女性社長が経営する化粧品開発ベンチャーに参画した後、様々な会社の経営を変革することで社会変革に繋がることがしたいと思い始めて、コンサルティング業界へ転職しました。

組織人事専門のコンサルティングファームで、リーダーシップ開発・個が輝ける強い組織づくりについて世界中の知見をインプットしながら、様々なグローバルプロジェクトを経験しました。この時に人生の中でも非常に重要な、尊敬するトップリーダーや仲間との出会いがあり、仕事をする上での哲学の基礎となる教えをたくさん得ました。

結婚後に一度コンサルティング会社を辞めましたが、フリーランスとして小さい会社の経営コンサルティングを細々続けながら、出産後にスキルアップのためビジネススクールに通い、そこで修士論文として自らが解決したい社会問題についてじっくり考えてみたのです。日本社会におけるダイバーシティが進まない現状をなんとか打開したいという思いで、企業向けのダイバーシティ推進コンサルティングビジネスの事業計画を書きました。その論文を握りしめて、大学院卒業と同時にデロイト トーマツに入社し約6年が経ちます。

――デロイト トーマツではどんなお仕事をされてこられたのでしょうか?

事業計画に書いた通り、多様な人材が個性を活かして活き活きと働ける社会変革を目指して、組織人事領域のコンサルタントとして、ダイバーシティ&インクルージョン推進支援を軸にクライアントサービスに携わってきました。選択肢の多い人事制度設計、働き方改革、そして様々なマイノリティの活躍推進など、様々な切り口で新しいチャレンジをしてきました。

デロイト トーマツという組織は、「これがやりたい」というWILLを持っている人材を応援するカルチャーが浸透しています。入社当初から、成果を出すために色々な機会・サポートを与えてくれたからこそ、一歩一歩、着実に新しいことを形にできていると感じています。コンサルティングプロジェクトで得た経験・知見を、社会全体に発信する活動も継続しており、自治体・大学・大学院・ビジネススクールなどから依頼のあったD&Iや働き方に関する講演を多数、実施しています。こういった社会への啓発活動にも寛容で、快く応援してもらっていることは非常に励みになっています。

現在は、組織人事コンサルタントとしての経験を活かして、新しい経営体制の元、経営企画のイニシアティブとして立ち上げたChief People Empowerment Officeで全体企画マネジャーの役割を担っています。デロイト トーマツを最高の職場と誇れる場所にできるように、様々な人事タレント施策を経営陣と共に企画・実行しています。

――D&Iのテーマで活動されている中で、御社の取り組みや姿勢に関わる印象深いエピソードなどはございますか?

当社は、クライアント企業だけでなく社内でも、社員たちの声をしっかりきいて、真剣に検討して、制度やカルチャーを創っていく、変化していける組織です。社内でのダイバーシティ&インクルージョン推進についても、中長期計画策定や個々の施策の検討、女性活躍ブランディングのための動画制作など、提案したことをプロジェクト化して新しいことに挑戦させていただきました。10年以上、ダイバーシティ&インクルージョン推進専門チームを作って真摯に愚直に取り組んできたことで、個々人の働きやすさ、特にマイノリティが自分らしく価値を出せる柔軟な組織に変わってきています。

――新型コロナウイルスの影響が引き続き拡大する中、御社が現在直面している最大の課題は何ですか?

社内ではすぐに全メンバーにリモートワークが義務付けられ、メンバーは健康状態を第一に考えながら仕事を継続できています。リモートのコミュニケーションの中でも、引き続きエンゲージされる状態を創れるように、様々な施策が打たれています。特に学校が休校になった3~7月の間は、シッター利用費用補助チケットを拡大し、より柔軟な働き方を選択できるように特別休暇も認めるなど、様々な選択肢をとれるようにしたのです。ネットワーキングイベントも活性化させ、不安を声に出せる環境を日々作っているため、9月に行ったサーベイでは育児や介護に従事するメンバーも、外国籍などのマイノリティなメンバーも、80%以上が「より安心して自分らしく働けるようになった」と感じています。

――なるほど、日本社会に必要な次の大きなステップと、御社として発揮すべきリーダーシップは何だと思いますか?

我々がチャレンジすべきは、社会・クライアントに、この環境下で生き残るための知見・サービスを提供し続けること

だと思っています。データに基づいて業界の未来予測を行い、複数のシナリオプラン・インサイトを提供し、企業の事業継続に向けた新サービスを生み出し続け、急速に転換が必要なDX推進支援を強く推し進める必要があります。また、最も支援を必要としている人、課題のしわ寄せのいく層に目をむけ、社会全体の回復を目指す活動にも多く取り組む必要があります。当社は、企業だけでなく、この危機で苦しんでいるNPO/NGO等と連携を深め、寄付を通じた資金獲得への協力、無償でのコンサルティング業務提供を強化しています。一企業が強くなること、グローバル経済の中で成長していくことだけでなく、我々の持つ企業ネットワークやプロジェクト推進力を活かして、社会全体を社会課題解決に集結させ、コレクティブインパクトを起こすためのエコシステム構築を手掛けていく仕掛け人にならねば、と思っています。

そういった意味で当社のCSRチームが行った、社内での新型コロナウイルス対策支援への寄付活動が、日本ファンドレイジング協会から「新型コロナウイルス支援枠」の特別賞を頂いたことは、大変光栄なことだと思っています。

——そのために、あなたがジェンダー平等実現に貢献するために、今回の新型コロナウイルスの危機を経て、どのようなチャレンジをして

いますか?

私個人では、2020年10月より、グラミン日本という非営利団体(注:バングラデッシュでユヌス博士によって1983年に発足され、ノーベル平和賞を受賞したグラミンバンクの日本版グラミン銀行)の顧問を、副業として引き受けております。グラミン日本は、マイクロファイナンスの仕組みと金融教育・その他様々な支援機能で、経済的自立を目指す困窮者に対して、就労・起業のための融資・仲間・チャンスを与える、大きなプラットフォーム構築を目指している組織です。

長引くコロナ禍で実際に社会の中で困窮する人々の多くは女性です。就職難・低賃金・非正規雇用の雇い止め・ケアワークの重圧などの雇用環境の問題に直面する女性の自殺者が急増している、この事態はなんとかしないといけません。

所与の事情で、思うように「働く」ことができなくなっている方々にとっての不平等を是正することも大切です。

人間は誰しもが、才能を持っていて創造的な存在です。その可能性を社会全体ももっと信じて、寄り添った支援を粘り強くしていけば、多くの人が活き活きとその個性を発揮できるようになると思うのです。ただ生活するために施しをするのではなく、子どもの貧困の温床となっている一人親の方々が、起業や就労を通じて経済的に自立することをゴールに、コミュニティでの支え合い・スキルアップのトレーニング・就労先とのマッチングのサポートなど、一気通貫の就労支援プロジェクトを発足し、現在リードしています。行政・自治体・メディア・外資系コンサルティングファーム・大企業・地方中小企業・各種NPOを含むソーシャルセクターの方々等、多様な方々と連携し、同じ社会課題解決に向かって協働することを、私自身も楽しんでいますし、今後デロイト トーマツがこのような動きにリーダーシップを発揮し続けることにも、貢献していきたいと思っています。

《児玉　都》

日産自動車株式会社
8
Nissan Motor Co., Ltd.

取締役
代表執行役最高執行責任者
兼チーフパフォーマンスオフィサー

アシュワニ・グプタ
Ashwani Gupta

私は約28年間、自動車業界で仕事をし、主に四つのダイバーシティを経験してきました。

一つ目は「仕事のダイバーシティ」。社内でも購買、営業、開発、製造、品質、会計部門など、組織が違えば仕事のやり方や文化が異なることを体感してきました。

二つ目は「カルチャーのダイバーシティ」。私自身はインドの出身ですが、これまで様々な国に住んだ経験を持ち、異なる文化を驚きと共に体験し、学んできました。

三つ目は「言葉のダイバーシティ」。私はヒンディー語と英語、日本語を話し、フランス語も少し理解しています。言語による表現、ニュアンスの違いを知っています。

四つ目は、「ジェンダーのダイバーシティ」。ある時、新しい組織の役職に着任し、商品計画を決定する重要な会議に出席すると、一人も女性の役員がおらず、驚いた経験がありました。ちなみに三年後、その会議における役員の約半数は女性でした。組織の中で、特に重要な意思決定には、ダイバーシティが必要です。同じ文化、性別、バックグラウンドを持った人々が集まると居心地が良く、容易に合意形成ができるので、意思決定は簡単かもしれません。しかし、それではイノベーションは生まれません。

私が経験した四つのダイバーシティの他にも、仕事やスキ

ルなど様々なダイバーシティがあります。それらを正確に受け止め、マネジメントすることにより、ダイバーシティは力に変わります。私は、自分自身の体験も含め、「ダイバーシティ＆インクルージョン」が、強いパワーを生み出すことを、強く実感しています。ダイバーシティに乏しい組織の場合、「1＋1＝2」にしかならないことが、ダイバーシティが豊かな場合は、二割増し、三割増しになり、その力が会社の強さとなるのです。

当社では1999年、ルノーとの提携以降、他社に先駆けてダイバーシティの取り組みを行ってきました。20年以上に及ぶ長い歴史の中で、その考え方は既に社内に定着しています。私はよく工場を訪問しますが、生産現場においても多くの女性が活躍しています。かつて、タイヤを装着する現場は、重いものを運ぶという理由で、男性しか働けない職場とみなされていました。しかし、女性が配属されるようになってから改善や自動化が進み、今では男女ともに働きやすい現場になりました。誰もが働きやすい環境を作ることが何より重要なのは言うまでもありません。

働き方の観点からさらにお話しすると、日産では2006年から在宅勤務制度を導入し、対象となる範囲を拡大しながら推進してきました。間接部門の全従業員を対象に、子育てや介護などを両立する社員たちからの利用が高まっています。

一方で、これまで拡充してきた制度を一度も使ったことがない社員もいました。しかし、2020年の新型コロナウイルスの影響で、一気に在宅勤務が進みました。在宅勤務はコントロールが非常に重要で、課題もありますが、通勤時間がなくなることで、従業員は家族と過ごす時間が増えるなど、ワークライフバランスに良い影響が出て、今後も続けたいという声が多数あります。制度を必要とする社員だけでなく、これまで利用する必要がないと考えてきた社員も、活用してみたら良い結果が出た、という好事例があります。制度を整えるだけではなく、実際に使う、使える。そういった環境を作っていくのが、我々マネジメントの仕事です。

さて、長年ダイバーシティ&インクルージョンを推進している私たちには課題があります。それは直近の達成目標である数字などに追われ、本来のダイバーシティの目的を見失ってしまうことです。ダイバーシティは目的ではなく、それをどのように活用するかが重要です。あくまでも手段であることを忘れてはなりません。例えば「女性管理職比率を増やす」ことは大切ですが、増やすこと自体が目的になっていないか懸念します。なぜ女性が意思決定会議に必要なのか、なぜダイバーシティが重要なのか、全員が本当に理解すべきです。

また、私たちは課題に対する本質がどこにあるのかを明確に捉え、対処する必要があります。社内のデータで、男性の方が女性よりも残業時間が長いという分析があった時、「女性は子育てなど限られた時間でしか仕事ができないので、昇格などで不利になる」という話がありました。私は「効率の問題とジェンダーの問題を混同している」と感じました。それは「会社としての効率」の問題です。男性でも女性でも、決まった時間で仕事を終わらせるのは当たり前のことです。残業が奨励され、それができない従業員は評価を下げられる。そんな可能性に言及されるような会社の文化であれば、それは変える必要があります。

外国人である私から見ると、働き方は、社内というより、日本の文化の影響も大きいです。他国では日本に比べて残業をしません。日本の経済や人口は今、縮小傾向にあります。そのためにも、女性の活躍を含むダイバーシティは、国としても重要な課題です。

国として、社会として、会社として、それぞれがなすべき課題を分けて考え、推進すべきです。そして、当社のダイバーシティ&インクルージョンに対する働きかけが、日本という国にとっても良い影響を与えられるよう貢献していきたいです。

《アシュワニ・グプタ》

執行役副社長

星野 朝子

Asako Hoshino

私が新卒として、当時入行したのは日系の銀行でした。大学卒業までは、男女の差を感じずに育ったものの、社会人になってから壁に当たりました。

入行した銀行は、女性を男女差別することなく採用するという数少ない会社のひとつでしたが、銀行でキャリアを積むために必要だと思われた海外支店駐在を希望した時に「女性は前例がない」ことを理由に断られたのです。私はそれをきっかけに、銀行を3年で退職することになりました。

その後、私は米国大学院でMBAを取得し、帰国後はマーケティング分析におけるプロとしての道を選びました。私のスタートは契約社員でしたが、その後の12年間、多数のプロジェクトで結果を出し続け、マーケティング調査会社の役員になったのです。

その頃、当社から「市場情報室長（VP）」としてのオファーをいただきました。当時、当社は業績のV字回復を果たし、今後の成長を見据えていました。そのため、お客さまのニーズを正確に捉えた商品づくりを目指しており、高度なマーケティング分析を行うための専門組織を作る必要があったのです。

実は、オファーをいただいた時は驚きました。その理由のひとつに、私が「女性だから」ということがあると聞いたか

らです。当時の当社において、意思決定層のほとんどは日本人男性のベテラン層が占めており、いわゆるモノカルチャーでした。しかし、当時の社長は「モノカルチャーでは、しなやかな組織にならないので、女性の視点が必要だ」と言うのです。つまり、「経営戦略としてのダイバーシティ」の発想ですね。当時から当社は「ダイバーシティが会社の競争力の源泉である」とはっきりと打ち出していたのです。私は、当社のこの戦略や理念に賛同して入社しました。２００２年のことです。

入社当初、会議では私が紅一点のことが多く、大多数の男性視点による採決が行われることがよくありました。私は当時、マーケティング分析のプロとして、「データの裏付けのないコメントはしない」というポリシーを持って会議に臨んでいました。しかしある時、商品化決定会議においてユーザーである女性が正しく理解されないまま、採決されそうになったことがありました。私は、その時さすがに居ても立ってても居られなくなり、ポリシーを曲げ、個人として女性ユーザー視点を提供しました。しかし、その会議には私にとっては当たり前だった女性視点を理解し賛同してくれる人はおらず、再調査して後日提案やり直しとなりました。まさにその時、一人では「少数意見」として取り上げられる力が無い、女性の意思決定者を増やさなければと心の底から思いました。

その後、社内ではダイバーシティを会社の競争力とするためのクロスファンクショナルチームが発足し、私はそのパイロットを務めました。「ダイバーシティディベロップメントオフィス（DDO）」の設立もその成果のひとつです。

また、私は従来男性の仕事とされていた販売会社の営業職や工場の技能員に女性を増やし、定着させる施策も地道に推進しました。当時は、例えば私が販売会社の社長の地位に女性営業職の採用を提案すると、お叱りを受けることもありました。「女性はすぐ辞める」、「お客さまに女性の営業職をつけるのは失礼だ」と言うのです。そのため、私は、「お客さまは男女を問わず、男性の営業職より、女性の営業職への満足度の方が高い」というデータを見せることで、周囲を説得して回りました。現在日産の販売店では、多くの女性が見事トップセールスとなるまでに育っています。私は、このように「データに基づかない思い込み」による女性の排除に対して、ひとつずつデータを積み上げて説得し、変革を促してきました。

女性として私の個人的な経験を少しお話しすると、私は現在副社長の立場ですが、私のキャリア全体を見渡すと、いくつかの重要なキャリアチェンジを経験しています。私にとって特に印象的だったのは、市場情報室の常務執行役員から日本市場の営業マーケティングを担当する専務執行役員になったことです。これは当社における私のターニングポイントだったと言えますが、当時の私は未経験の領域に不安もあり、最初は引き受けるつもりがありませんでした。

最終的に私が挑戦しようと決めたのは、社内の要職者から「星野さんならできるよ」と何度も仰っていただき、徐々にその気になったからです。また、夫から背中を押されたことも大きかったです。

女性は、いわゆる「出世すること」に強い興味を持たない人が多く、このように、「You can do it!（あなたならできるよ）」と言ってくれる人が、社内や身近にいることがとても重要です。

私も後輩たちには、いつも「You can do it!」と伝えるようにしています。またその言葉に加えて、「あなたは前任者と同じようにやる必要はない。あなたは、あなたのやり方でやること、それが期待されています」という言葉も合わせて贈ります。

ダイバーシティこそがイノベーションを生み、会社の競争力となるのですから。

《星野朝子》

副総裁兼最高財務責任者
東風日産汽車金融有限公司

陶瑾

Jin Tao

私は銀行や法律事務所での勤務を経て、2004年、当社に入社しました。入社後は複数の部署を経験し、2020年10月から上海に赴任しています。

私が在籍した90年代頃の銀行は、まだまだダイバーシティとは程遠い状況で、配属先には外国人も女性総合職も私一人。多くの女性は一般職として入行し、結婚退職が当たり前の時代でした。社会全体の意識も低く、女性だけが職場でお茶くみを命じられる状況に反論すると、上司に諭され憤りを感じたことを今でも鮮明に覚えています。キャリアに限界を感じて3年で辞めました。

当社に入社してからは女性だからという特別な扱いはなく、オープンマインドな雰囲気に感動しました。入社後、最初にダイバーシティ&インクルージョンに触れたのは、ワーキングマザーの自助サークルでした。上司に相談できる悩みばかりではないので、こうした機会に助けられました。そのサークルに誘ってくれた女性管理職がいたのですが、そうしたロールモデルとなる先輩の存在も大きかったです。

一方で、のちにダイバーシティ推進室から、女性部長が集まる外部研修の参加者にノミネートされた時は、「女性だから」という理由での声がけに違和感を覚えました。私は仕事をする上で男女を意識したことはなく、女性だから選ばれた

と思いたくないし、周囲にもそう思われたくなかったのです。そのため、一旦はお断わりしたのですが、実際に参加してみると、考えは大きく変わりました。女性ゆえのネットワークの狭さやリソース不足について話し合う中で、仕事と家庭の両立に精一杯で視野が狭くなっていたこと、外部とネットワークを構築して視野を広げることの重要性に気付いたのです。その他、海外の女性活躍推進フォーラムに参加するなど、女性の活躍を目の当たりにしながら、刺激や学びを得る機会をいただき、感謝しています。

仕事では様々な経験をしてきましたが、「仕事と子育ての両立」という点を聞かれると、少し耳が痛いです。夫の献身的なサポートもあり、ここまでやってくることができましたが、他のお母さんを見ていると、やはり子どもの成長の過程で、時間をかけられていないことを申し訳なく感じます。唯一できたことは、子どもたちには「どういう人間になってほしいか」私の価値観を日常の会話を通して伝えてきました。そういった意味では、子どもたちは私の想いから外れず、思いやりのある人間に育ってくれているので、限られた時間の中でも親としてできることはあると感じています。

両立と言えば、私は国内販売金融会社の役員をしていた時に、社内における在宅勤務の制度が導入されました。コロナ禍で在宅勤務へのシフトが急に加速しましたが、実際に在宅でやってみると、「予想に反して家にいるのはつらい」「子どもが帰ってくると仕事がやりづらい」「出勤できる方がいい」などといった声もありました。この経験を経て、何事もワンパターンではなくチョイスを与えること、それぞれの事情によって選べることが大切だと実感しました。

私にはキャリアやリーダーシップに関して、大切にしていることが二つあります。一つ目は「女性であることに甘えない」ことです。「女性活躍推進の影響で昇格した」などと言う人もいますが、常に実力で周囲に示すことが大切です。一方で、強みも弱みも含めた等身大の自分で居続けること、自然体でいることも重要です。女性のリーダーが少ないということは、ロールモデルも少ないということですから、それでは後輩の女性たちがキャリアを考える上で、不安を感じます。私は、「身近に感じられるロールモデルがあれば、より多くの女性の背中を押せる」という想いがあり、積極的に私の経験を共有する場を設けてきました。キャリアに関心を持つ女性は多く、共通の悩みも多く、その後も個人的に相談を受けています。

二つ目は「正しいことを、正しく行うこと」を大切にしています。忖度せず、シンプルに透明性をもってコミュニケーションをしていくことです。女性は、経営の変革をリードできる力があると思います。それを改めて強調することで、女性はさらに自分の強みを認識し、自信をもってリードできる存在になっていけるのではないでしょうか。

日本では女性活躍の領域はまだ限られており、機会を増やすことが求められています。中国には「毛遂自荐」という故事があります。「自分で自分を推薦する」という意味です。ある戦いの策を練る場で、優秀な家臣が意見を述べますが、上官は「お前の名前すら知らないのだ。三年もここにいるのに名前が知られていないということは、お前は有能ではないのだ」と取り合ってくれません。すると、その家臣は言うのです。「そういう土俵に自分を乗せていないからである」と。結果的にその家臣の策は成功を収めました。

まずは、そもそも活躍できる場にいないと活躍できませんし、活躍できるかどうかも分かりません。いまだに男性の上司が女性部下を慮り、無意識のうちにその機会を奪っている事例があります。「重要な仕事を女性に任せるなんて」と不安になり、仕事を渡さないケースもあります。まずは平等に機会を与えることを、意識的に取り組むような企業文化を作っていかなければならないと強く感じます。

《陶 瑾》

9

日本ヒルティ株式会社

Hilti Japan

代表取締役社長

下元 紳志

Shinji Shimomoto

ヒルティコーポレーションは「私たちは喜びあふれる顧客の創造に情熱を注ぎ、より良い未来を築きます」を企業理念に掲げ、品質、革新、直販体制による顧客関係を大切にし、1日25万人のお客様と直接コンタクトを取っています。1941年の創業以来、リヒテンシュタインのシャーンを拠点とし、世界中で3万人の従業員を擁し、建設現場における作業がより簡単に、より早く、より安全になるよう、技術的に優れた製品、ソフトウェア、サービスをお届けできるよう努めています。

日本ヒルティは1968年に設立されて以来、日本の建設業界のプロフェッショナル・ユーザー向けに世界最高の性能・品質の製品やソフトウェアを含むサービスを提供しています。そんな製品やサービスに加え、私たちの強みは人材とチームワークです。「多様性」と「受容」の考え方を取り入れ、その環境を整備することによって人はその人が本来持つ能力を発揮でき、その個々人の融合によってチームは最高のパフォーマンスを出すことができると信じています。その人の持つ信条や人生経験などを含み、異なることを先入観なく「受容」することができて初めてその良さが現れます。

ヒルティではダイバーシティ&インクルージョン（多様性と受容）を木に例えます。目に見える部分だけでなく、本質的な部分を含めた多様性を追求することが重要だと考えていま

す。木は生きているので、ある程度成長するまではしっかり育てること。ダイバーシティ&インクルージョンにおいても同様で、採用にあたっては国籍や性別年齢にかかわらず、ふさわしい人材を積極的に採用し、活躍してもらいます。

現在バックオフィス部門では多くの女性リーダーが活躍していますが、外勤（営業や技術部門）における女性の活躍はまだまだ広がる余地があると考えています。建設業界というと少し前までは男性社会というようなイメージがありましたが、昨今はデジタル化やロボット化が進み女性が活躍できる分野が広がっています。建設業界の流れとして女性が働きやすい環境になりつつあります。そしてその「受容」が一気にスピードアップしているように感じます。このような流れの中でロールモデルになるような人がいることが大切であり、その人材育成を進めることもとても重要です。

長くキャリアを積み重ねていくうえで、大切なことはふたつあります。ひとつは女性ならではのライフサイクルに合わせた仕組みづくりです。結婚や出産、育児といった節目があり、変化が起きるのは当然のことです。そこでキャリアを中断することなく進めていける仕組みを作ることです。具体的には制度の改変などといったことになりますが、ヒルティではさらに、働き方についても自身のライフサイクルに合わせて、できる限り快適な環境を選択できるよう進めています。

2020年は、コロナウィルスによるテレワークが当たり前になりました。ヒルティではそれ以前からテレワークを推奨しています。必要なデジタルデバイスによる投資も行い、場所や時間を選択できることでワークライフバランスを取りやすい環境を推奨する。こうした仕組みにより、社員それぞれが自分に合った働き方ができるようにしています。

私は時間の管理で良い成果が出るとは思っていません。ベストパフォーマンスを出すための働き方は、何かに束縛されたり制約されたりするものではなく、一人ひとりがプロフェッショナルであるという誇りを持つことから始まるという考えからこのような柔軟な勤務体制を導入しています。

ふたつ目に大切なことは、男性の意識も変えることです。このようなテーマを話す時、女性の意識改革について言われることが多いですが、男性の意識改革も必要であり、その双方が成り立った時、本当に前に進むのだと思います。子どもが誕生した際に、キャリアを考えている女性とそれをサポートしない男性という図がよくあります。ヒルティでも今年多くの赤ちゃんが産まれましたが、男性で育児休暇を申請した社員はひとりもいません。制度はありますがまだまだ上手に運用されていないことを感じます。もしそこに経済的な理由が背景にあるとしたら、この仕組みも考え直す必要があるのかもしれませんが、やはり女性、男性、LGBTQの個々人が人生において様々な節目がある中で、仕事というものが生きがいのひとつとして当たり前に存在し、社員のウェルビーイングを最大化するために会社としてどうすべきか、が今後性差関係なくリーダーが活躍するためには必要不可欠だと思っています。

大切なことは、相手を思いやり、どのように寄り添っていけるかです。ヒルティでは戦略の前に「思いやり文化とパフォーマンス志向」が明確に示されています。社内に根付いたケアリング（思いやり）文化を、コロナ禍以前から大切にしてきました。タウンホールと称してマネジメントと社員の積極的なコミュニケーションを図る場所を定期的に設け、楽しいこと、苦しいことを共有するだけでなく社員による提案を聞き入れ実践するというようなことを行っています。

コロナ禍においては各地域によって異なる状況を細かく把握し、困っていることについてはすぐに対策を講じました。例えば、最前線にいる営業社員にとってコロナ禍のマスク不足は深刻でした。そこで、グローバル企業の強みを生かし世界からマスクを調達し定期的に配布したりしました。ヒルティではケアリング（思いやり）を忘れず、ダイバーシティ&インクルージョンを継続的に長期的に進めていきます。《下元紳志》

人事本部長

神原 裕美

Hiromi Kambara

人事本部長に着任して2年になります。以前は別の外資系企業の人事部門で働いていました。ヒルティに入社して印象的だったのは女性の社員が少ない、ということでした。バックオフィス部門はそうでもありませんが、業種も影響していることもあり、外勤（営業や技術部門）で活躍している女性社員が少ないということです。現在少しずつではありますが、これらの部門で活躍する女性の採用を進め、長く働き続けられるような仕組みづくりを進めています。

例えば、産前産後休暇や育児休暇の制度においては、当社のツール等の商品を扱って営業活動を行う身体の負荷を考えると、通常の産前休暇のタイミングまで働けないケースもあります。そこで、特別産前休職制度を導入しました。

ここにはふたつの思いがあります。ひとつは当然ですが社員の健康を第一に考えた制度であること。もうひとつは、産休、育休後に仕事に復帰してキャリアを継続してほしいことです。女性として産休、育休というものが発生することは自然なことであり、それを理由にキャリアが継続できない環境であってはいけないという思いがあります。

ヒルティは建設業界の中でもリベラルな文化を持っている会社なので、このような制度の導入など、業界の中でも先頭を切って進んでいきたいと思っています。そしてこういった

取り組みが、当社を通じてお客様や業界全体に影響を与えて行くことができるのではないかと考えています。

当社ではダイバーシティの軸である3G（ジェネレーション、ジェンダー、ジオグラフィー）において、様々なジェネレーション（世代や勤続年数の多様性）の社員や、様々な業界の経験を持った社員が助け合って働くという点がとてもうまくいっています。その根底には、どのような社員においても一人ひとり、個人を思いやるという思いを持っているからだと感じます。加えて、思いやりを持ちながら、個々のパフォーマンスを公平に評価し、活躍する人材を育てていくスピードもあります。頻繁にマネジメントチームが個々の社員の成長を確認し、更なる成長を支援するプロセスが確立されていることで、自然とダイバーシティ＆インクルージョンが進んでいると思います。

ダイバーシティ＆インクルージョンという世の中の一般的な表現に対し、ヒルティでは今年からI＆Dと表すことになりました。Iが先に来るのには、ふたつの意味があります。ひとつは、周囲の様々な人たちの違いや異なる意見を受け入れながら働いていくインクルージョン（受容）の重要性です。ヒルティでは社歴の浅い社員が勤続何十年という先輩社員のマネジメントを行ったり、年下の社員が年上の社員のマネジ

9 日本ヒルティ株式会社

メントを行ったりするチームが多くあり、自然と受け入れられているように感じます。それは、年齢や経験に関わらずお互いを尊重し、個々のアイデアに耳を傾けるという文化が醸成されているからだと思います。

もうひとつのIは私(自分自身)。自分ごととして多様性を受け止め、アクションを取って会社やその文化を良くしていく、という意味を持ちます。経営会議では必ず毎回「人材と文化」に関する議題があり、それについてディスカッションを行い、会社が少しでも良くなることを考え実行し、進んでいこうとしています。

コロナ禍でもこの会社の風土が存分に発揮されたと思います。世の中の動きや、国内の感染状況を敏感にキャッチすることに加え、誰もが先の見えない状況で、社員へのケアと感染予防対策を行うことは最重要課題でした。そのために、社員との頻繁なコミュニケーションを心掛け、マネジメントチーム全体で定期的な情報受発信を行いました。発信するだけでなくキャッチすることも欠かさないようにし、どのようなサポートが必要かを見極めるよう努めました。

例えば、学校が休校になった際にはオフィス勤務の社員に子連れ出社を認める対応や、フレックス勤務ではコアタイムをなくして個々人の環境に合わせた仕事と生活ができるよう「withコロナ」に適した制度に、スピード感を持って変更していきました。もともとテレワークの制度があったので更に活用する人が増え、柔軟な働き方が一歩前に進んだ、という印象ですが、会社や社員が少しでも良くなるためのアクションのひとつだと言えるでしょう。

頻繁なコミュニケーションを通じてこそ生まれるアイデアを、すぐ実行できる機敏性があったこともとても素晴らしいと思います。また、このようなアクションがスムーズだったのも、今まで培ってきた経験が活かされたからだと思います。慌てることなく着実に力をつけてきたことが緊急事態宣言下において無理なく運用できたのだと思います。

「ヒルティはイノベーションの会社です」と言っていますが、製品のみならずこういった側面でも実行されており、今回の事態において加速することはあっても、後退することはなかったと思います。ヒルティのダイバーシティ&インクルージョンや、それに関連した企業文化は今に始まったことではありませんが、こうした事態になった時に企業の力が試されるのではないでしょうか。ヒルティは予想外が起きた際にも十分な対応力があり、また様々な社員が働ける環境が整っている、とても優しい会社だと感じています。

《神原裕美》

ヒルティリージョンアジア
Head of Learning & Development

杉浦 清美

Kiyomi Sugiura

私のキャリアは大学卒業後、当時まだ総合職、一般職という入り口から分岐されている中で、唯一女性一人の総合職としてスタートしました。同期は100名いましたが、全員男性でした。まだまだダイバーシティ&インクルージョンという言葉すらなかった頃の話です。

ダイバーシティ=ジェンダーに置き換えられることが多いですが、私にとってそれは様々な経験から必ずしもそうではないと思っています。若い時から海外出張の機会に恵まれ、気温50度近い国への渡航から、マイナス20度の国での駐在を経験し、気候、言語、文化、宗教、人種とダイバーシティという言葉の中に含まれるありとあらゆる言葉の状況を経験しました。

特に印象的だったのは、イスラエルにいた時の経験です。当時自爆テロが多発しており、間一髪で巻き込まれる事態が発生しました。恐怖から気持ちの整理ができない中、現地の人はこのような状況にどう対応しているかを聞いたところ「モーメント」という答えが返ってきました。つまり、瞬間を生きて過去や未来を重要視しないという価値観を知りました。日々身の危険を感じている環境にいる人と、自分の価値観のギャップを知ったひとつの出来事でした。

また、別の国では日本人女性がリーダーとして活躍した過

去があり、日本人女性は勇敢なリーダーであるという視点で受け入れられ、大歓迎を受けたこともあります。国や文化によって自分というものがどういう風に見られているかという環境下において、若い時に多様なダイバーシティを経験することができたと思います。

いくつか転職をしてきていますが、リーダーシップにチャレンジしようと思ったのが前職の時でした。成績が認められ、シベリア駐在という機会があり渡航しました。ロシア語しか通じない土地で、マネジメントでありながらメンバーとのコミュニケーションができないという経験をしました。

そのような環境下で、言葉が通じなくても仕事内容は国境を越えて同じなのだからと考え「やって見せる」ことで業務を遂行していきました。そうしているうちにメンバーが英語の勉強を始め、徐々にコミュニケーションができるようになっていきました。まさにインクルージョン（受容）の瞬間でした。「やって見せる」ことで気持ちが通じ、分かり合うことができるのです。

これはヒルティに入ってからも同じでした。営業シニアマネージャーとして入社しましたが、初の女性シニアマネージャーとしての採用でした。ここでも製品デモを習得し、やって見せることを実践しました。ヒルティにはインクルージョンの土壌が既にあったので、営業として「売りたい」という気持ちと目標が同じである以上、おのずと寄り添い進むことができました。

ケアリング（思いやり）の文化も影響していると思います。それからほどなくして社員100名をまとめる営業本部長に着任しました。初の女性営業本部長でしたが、自然に受け入れてもらえたと感じています。これは公平にパフォーマンスを評価するというプロセスが成り立っているヒルティだから自然だったのだと思います。

長く営業職をしていく中で、また常に初の女性、という経験の中で、男性と女性が同じ土俵に立たないと意味がない、と思っていました。同じ環境で同じようにやって評価してもらわないといけないと。けれど私のそんな意識とは関係なく、ヒルティは当たり前のように男女の隔たりなく評価してくれたのです。「思いやり文化」と「パフォーマンス志向」として明示されていることが、有言実行されている形です。これは私自身とても良かったと思っています。

そして現在、ヒルティの営業本部長から、アジア地区の人材育成を統括する部門の責任者をしています。ヒルティの人材育成をリードするとともに、女性社員の育成も進めたいと思っています。

ただ、残念ながらまだまだ課題がたくさんあります。制度や仕組みといったものもそうですが、女性自身にもキャリアそのものを考える人が少ないという現状です。

一般的に男性は一生働いていくだろう、と思っている人が大半である中、女性にはその意識が低い傾向があるように思います。「何となくどこかで中断するのではないか」「このくらいでいいのではないかな」というところで止まっている人が多いように思います。働く以上「自分はこうでありたい」という高い志をぜひ持ってほしいと思います。

誰かが手を差し伸べてくれるのを待つのではなく「自分で何がやりたいか」を発信していくことが自然にできて、それを受け入れる会社があるということがとても大切です。

ヒルティは受け入れ準備はできています。そして私というモデルがあります。会社を信じて、多くの社員が自分の働き方について堂々と発信していってほしいと思います。また、それができるような人材育成を進めていきたいと思います。

《杉浦清美》

フィリップ モリス ジャパン合同会社
10
Philip Morris Japan Limited

代表取締役社長

シェリー・ゴー

Shea Lih Goh

私は1993年にフィリップ モリス インターナショナル（PMI）の関連会社であるGodfrey Philips (Malaysia) Sdn Bhdに入社しました。その後、香港、中国、台湾、インドネシアなどの複数の国でマーケティング、営業など、様々なポジションで働く機会に恵まれました。

2013年にマレーシアに戻り、マレーシアとシンガポールのマネージング・ディレクターに就任し、2016年にはフィリップ モリス アジアン リミテッド（香港）のリスク低減の可能性のある製品（IQOS）を担当する当社の新しいビジネス部門の副社長に就任しました。

2018年に、フィリップ モリス ジャパンの社長に就任しています。経営者として最高の人材を惹きつけ、社員との良い関係を維持できているかを把握することを通じて、当社のビジネスが良い状態であるかを確認することができます。

私たちは、社員一人一人が常に真剣に学び、変化をもたらせるよう、無限の可能性を提供しています。全従業員がやる気を持ち、刺激を受け、お互いに尊敬の念をもって接することができる環境の中で、共に強くなることができます。当社で働くということは、常に革新的な変化を通じて10億人の成人喫煙者の生活と福祉を向上させるという明確な目的を持ちながら、自身の未来を形づくる自由をも手に入れるということ

となのです。このようなビジョンを持つことで、企業は最高の人材を引き寄せることができるのです。

加えて、平等の基準となるのは男女同一賃金であると自負しています。PMJが日本で初めて「イコール・サラリー・ファウンデーション」（男女間賃金格差の改善状況について審査する第三者機関）の認定を受けた2016年11月から今日までの間に、給与格差は0・4％と、日本の男女間賃金格差平均の数分の一となっています。この格差を埋めるには、行動を起こさなければなりません。

そのため私たちは、無意識のバイアスを取りのぞくために、多様な人々の目線から面接をおこなっています。

その結果、女性の採用率は、2016年の28％から、2019年には47％へと大きく改善しました。

才能ある人材を募ることができたら、その人材を支援する必要があるので、すべての人に平等な学習機会を提供しています。女性も男性も、能力を最大限に発揮できるよう、経営者として様々な取組みを企画してきました。

最近では、「子育てをする女性」という性別による固定観念から、「子どものいる家族を持つ人」に焦点を当てた、新しい育児休暇制度を発表しました。この育児休暇制度は、PMIグローバルで最低限守らなくてはならない新たな基準とされ、包括的で多様性のある労働力の創出に向けた当社の取組みの一環として、今後もすべての市場で、段階的に導入される予定です。この性差を超えた育児休暇への新しいアプローチは、人を中心に考えるものであり、すべての保護者がキャリアと家庭生活の両面においてやりがいを持つことを実現したいという考えにもとづいています。

また、PMIは世界の他の企業と協力し、身体的、精神的な健康問題に直面している従業員を受容する環境づくりを約束する「バリュアブル500」に署名しました。

企業としての成功は、多様な視点、スキル、人生経験を持つ優秀な人材を活用することにかかっています。

このようにして、私たちが思い描くより良い未来を一日でも早く実現するために必要な創造性とイノベーションをさらに引き出していきます。

当社が隔週で開催しているプロジェクトミーティングを例に挙げてみましょう。階級や性別、人種などに関係なく、そこにいる全員（時には100人ほど）が、それぞれのアイデアを、シニア・マネジメントにプレゼンする機会を与えられます。提案が承認されれば、実行するための予算が与えられます。もし承認されなかった場合は、もう一度原点に立ち返って、計画を練り直す機会を与えられます。

予算を与えられるので、誰もが自分のプロジェクトの成功に責任を持つことができます。

成功したときは皆で称え合い、失敗したときは、そこから学び再度チャレンジしたらいい、という考え方です。

また、私たちはここ数年で、従来の縦割り型組織から、プロジェクトベースの組織へと移行しました。このようにして人材を育て、チームを作り続けています。

多様性は、私にとって非常に重要なことで、私たちの最大の強みの一つでもあると考えています。ここでは、ジェンダー、年齢、人種、障害の有無などはまったく関係ありません。

ダイバーシティを重視している理由は、第一に従業員には日々、本来の自分らしさを発揮してもらい、自分の声を共有し、最高のパフォーマンスを発揮してもらいたいからです。

第二に、多様な才能を持った人材が生み出す様々なスキル、視点、アイデアが、当社のビジネスの変革の鍵を握っているからです。私たちは、世界に向けて「すべての成人喫煙者に、紙巻たばこに比べてリスク低減の可能性のある、煙の出ないより良い代替製品に切替えていただく」というコミットメントを発表しましたが、このビジョンを実現するためには、多様で包括的な環境が必要なのです。

《シェリー・ゴー》

ピープル&カルチャー　ディレクター

アーロン・カーマイケル

Aaron Carmichael

私は、法医学心理学と精神医学を専門とする臨床心理学者として、南アフリカ政府でキャリアをスタートさせました。その後、より幅広く国際的なキャリアを追求するため、２００４年に南アフリカを離れるまで、いくつかの人事コンサルティング業務や、個人経営の仕事を経験しました。

ヨーロッパでいくつかの人事業務を経験した後、２０１３年にＰＭＩに入社し、拠点を香港に置いて、アジア16カ国にサービスを提供するリージョン・チームを率いました。この間、組織開発、採用、リーダーシップと企業文化の変革、人材管理と開発、そしてダイバーシティ&インクルージョンに重点を置いていました。２０１６年には、日本のピープル&カルチャーのディレクターに就きました。リスク低減の可能性のある製品―ＱＯＳの主要グローバル市場における組織変革をリードし、新しいビジネスカテゴリーを創出してきました。

また私は過去5年間で、１９００人の社員のための内部変革戦略の策定・推進を担い、長期的で、収益性の高い成長へとつながるリーダーシップ体制と企業カルチャーの確立に努めてきました。当社のビジョンである「煙のない社会」の実現に向けての初期段階で、新しいビジネスを成功させるために、その変革のビジョンを明確にして、そのスピードにも適応できる社員を育てる必要がありました。

日本のビジネスにおいて、私たちはこれまでとは異なる考え方を採用し、より消費者中心な体制へと軸足をうつし、機敏に事業を展開する必要がありました。やがて社内だけでは開発できないスキルセットがあることに気づき、社内リソースの少なかったデジタル、小売、カスタマーサービスなどの分野で知識や経験を持つ人材を、他業種から採用しました。

この変革には「成功とは何か」という青写真や、ガイドブックはありませんので、失敗したって構わないというくらいの気概で取組みました。その結果、再チャレンジが必要な局面などもあったものの高いレベルの回復力と、曖昧さや変化に対応する能力の必要性を学ぶこともできたのです。

私たちのような事業規模で複雑な組織が、まるでスタートアップ企業のようなアプローチを取り入れた時は、自分が目にしていることを信じられないような思いでした。変革を経た今は、顧客との関係を構築し、顧客の悩みを理解し、消費者中心の事業構造を設計し、展開することに注力しています。外側で起きる変革と製品の変革に加えて、まさに内部の変革こそが、PMIのビジョンである「煙のない社会」の実現を達成する原動力となっています。

また、どのような組織においても、すべての従業員の健康に配慮することは企業の義務だと私は思っています。私たちはコロナ危機の早い段階、緊急事態宣言が出される前の２０２０年３月に、社員に在宅勤務をさせることを決めました。

当社の営業部隊には１５００人の従業員がいますが、社員とその家族が危険に晒されないように、対面での営業活動をすべて停止しました。そこから、オンラインでお客様と関わるクリエイティブな方法が開発され、働き方も劇的に変わりました。そして、従業員がこの新しい働き方に移行するためのトレーニングとサポートも実施しました。パンデミック時には、育児や介護が必要な従業員が優先され、グローバルレベルで、雇用の安定と財務の安定に取組み、その上、日本では従業員が互いにつながりを持ち、エンゲージメントを感じることができるよう様々な取組みを行いました。

また、運動をする機会を提供し、メンタル面の健康を維持することを中心に「ウェルビーイング（福利厚生）」を促進し、社員が互いに経験を共有し、他の人をサポートできるプラットフォームも作りました。

私たちは今、コロナの先にある未来に目を向け、職場環境をどのように変えていく必要があるかを問いかけながら、より柔軟で自由な働き方と、ワークライフバランスの改善を可能にする、新しい包括的な環境作りを始めています。

最後に、Ｐ＆Ｃのディレクターとしてよく聞かれる質問は、キャリアアップを望む社員に対してのアドバイスです。

その女性たちへ、第一に、リスクをとって新しいことに挑戦し、グローバルへと視野を広げ、自分にとって安全に感じられる場所から一歩外へと踏み出す勇気を持つことです。そうした経験を通して、自分自身のことをもっと知り、自分が今進みたいと思っている方向や、逆に前向きになれないことが何なのか、その理由は何なのかを理解できるようになります。第二に、発言することを恐れてはいけません。私たちは、より多くのアイデア、意見の交換、議論を必要としています。社員の多様な考え方は企業の強みであり、ビジネスの成長につながるからです。第三には、自分を信じて自分の強みを生かすこと。私たちは有能で強い女性が昇進のオファーを受けた時、自分の能力を疑ったり、成功することに疑問や不安を抱く姿をよく目にします。そのような時も、逆に更なるキャリアアップを望む時も、自分を積極的にサポートしてくれるリーダーや仲間がいることを信じてください。

最後に、成長し、学び続けてください。そのための時間を作ることは本当に大切です。普段は読まないような本を読んで視野を広げたり、普段は自分の周りにいないような人と接することによって、新しいチャンスに出会ってほしいです。

《アーロン・カーマイケル》

サイエンティフィック エンゲージメント
リージョナル ディレクター アジア

飯田 朋子

Tomoko Iida

2010年に私が最初に採用担当者から声をかけられた時は、まさか自分がたばこ会社に行くわけがないと思っていました。母もPMIで働くことを反対していました。

私は大学院で生物医学工学を専攻していたこともあり、喫煙がいかに健康に悪いかを知っていたので、ヘビースモーカーである父に禁煙を勧めていました。喫煙のメカニズムや、身体への影響などを説明したのですが、父は喫煙を楽しんでいたので、私の言うことには耳を貸しませんでした。

そんな中、まさかのたばこ会社で面接を通して出会った人たちや、PMIの企業文化にとても感銘を受け、これから登場する新製品が業界を大きく変え、社会全体や公衆衛生に大きな影響を与えると感じました。それでも、PMIへの入社を決めたことを友人や元同僚に話したとき、「お前は悪魔に魂を売ったんだ！」と言われるなど、たばこ産業に対する周囲の認識は常にネガティブなものであり、それが私自身のプレッシャーになっていました。しかし、IQOSが日本で初めて発売された時、それは喫煙感覚を味わいながらも有害な化学物質が少ない商品なので、父や喫煙者の友人を説得してIQOSに切替えさせることができました。

煙の出ない、リスク低減の可能性のある製品のポテンシャルと、その製品が本人や家族、周囲の人々に何をもたらすの

かを、肌で感じることができたのです。私は営業研修生としてキャリアをスタートさせましたが、PMIには多くの機会を与えて頂き、キャリアの幅を広げ、自分自身を成長させ続けることができました。この10年の間に、営業、商品開発、マーケティング、規制に関すること、科学に関すること、さらにはギリシャを含む多様な国やシンガポールでの現職など様々なポジションを経験してきました。また私の直属の上司や日本の社長は、いつも私に対して真っ直ぐ向き合ってくれました。会社がアジア人社員を海外支社に送り出すことに前向きで、2、3年前にはその可能性についての話し合いもしていました。私にとっては、家族と一緒に暮らすことが必須条件だったので「夫と二人で移住できる国はどこか?」と聞いてもらえたことは、本当に感謝しています。

私の会社への最大の貢献は、飲食店内での加熱式たばこの室内使用の影響を科学的に分析・提示できたことです。

他国と違い、日本の喫煙者や社会は受動喫煙の影響を気にしています。加熱式たばこのエアロゾルに対する受動喫煙の影響を提示することは、もともと当社の科学的評価の計画にはなかったのですが、日本ではそれが必要でした。

私と私のチームは、本社や現地ニーズの理解を得ることから始め、試験の計画、臨床試験の実施、社内外の関係者との議論、そしてその結果を科学界や医療界と共有することに、4年の歳月を費やしました。科学チームが会社にもたらした成果、そして加熱式たばこの登場がわずか4年で紙巻たばこの消費量34%減少に貢献したことに誇りを感じています。

私には、自分もフルタイムの仕事をしながら、妻の仕事にとても協力的な夫がいます。彼の両親や私の両親も応援してくれています。家族の支えがなければここまで来ることはできなかったでしょう。心に留めておくべきことは、私たちは完璧ではないということです。自分がどんな困難を抱えているかをオープンにすれば、周りの人たちは、同僚でも上司でも部下でも家族でも、喜んで助けてくれると思います。

新製品の発売があるときは仕事が優先されますが、逆に、子どもが病気のときは、早めに帰宅して迎えに行ったり、時短勤務や在宅勤務をしたりするなど、会社の中にも私の仕事と家庭の両立をサポートしてくれる仕組みがあります。

例えば産休後に時短勤務をした時も、お給料はフルタイムで働いていた時と変わりませんでした。コロナ禍ではリモートワークが可能になり、移動時間が大幅に短縮されたことで、家族と一緒に過ごせる時間が増えたことにも感謝しています。

キャリアアップを目指す女性管理職に向けてのアドバイスの一つ目はメンターを見つけることです。

私はキャリアの初期の頃、家族を持つ日本人の女性取締役と出会い、会社がどのように彼女をサポートしているかを見ることができ、彼女に実践的な質問をすることができました。「二人目の子どもを産むのに適した時期はいつですか？」と聞いたことがありますが、彼女は「いい時期なんてないわ。できた時に産んでおけばいいのよ」と言ってくれました。

このような質問を仲間の女性リーダーにすることができ、信頼できる人やメンターからのフィードバックを得られたことは、私のキャリアにとって本当に役に立っています。

もう一人のメンターはスコットランド人の科学者で、スイス本社で働いています。彼女は私がより広い視野でビジネスを見ることができるように、常にサポートしてくれています。

二つ目のアドバイスは、上司との関係に透明性を保つことです。会社は常にあなたを受け入れ、あなたの情熱や、やりたいことをサポートしてくれる機会を見つけようとしてくれます。彼らのサポートがなければ、今の私はありません。また、女性リーダーがお互いにサポートし合い、励まし合い、知識・経験を共有することも重要です。女性の代表性をさらに高めるために、女性のコミュニティや、集中的な学習・開発プログラムを活用するのも大事なことと思っています。

《飯田朋子》

ボッシュ株式会社
11
Bosch Corporation

代表取締役社長

クラウス・メーダー

Klaus Meder

ボッシュはグローバルなテクノロジー企業です。ルーツは1886年にまで遡り、創業者ロバート・ボッシュは国際的な志向と、幅広い関心を持っていた起業家でした。

私たちにとってダイバーシティは、性別に留まらず、年齢、文化、国籍、ライフスタイルなど様々なダイバーシティのインクルージョンを意味しています。多様性はボッシュのバリューの一つであり、〝ダイバーシティは私たちの強みです〟が私たちのスローガンです。

ダイバーシティは重要なマインドセットであり、COVID‐19のような危機の中でも投げ出されるものではなく、むしろ危機を乗り越えるための方向性をもたらします。当社で毎年全世界で実施しているダイバーシティ・デーは、従業員の日常にダイバーシティを取り入れる特別なイベントの一つですが、2020年はオンラインで開催しました。

他に日本における近年の取り組みとして、ボッシュはLGBTQフレンドリー企業として活動をしており、社内に70名以上のLGBTQアライがいます。

また、ボッシュは障害者雇用を積極的に推進しており、障害者専任組織も設置しています。そこでは、単純作業にとどまらず、翻訳やプログラミングなど専門的なサービスが提供され、多くのスタッフが活躍しています。

女性の管理職は確実に増えてきていますが、私たちの理想とする状況までには、まだギャップがあります。管理職として活躍する女性をさらに増やすため、特にSTEM分野の女性学生にアプローチしています。

ボッシュは、有給休暇、介護休業、産休・育休など、業界の条件をはるかに上回る制度を提供しています。私たちは、従業員が性別を問わずそうした制度を利用して、バランスのとれた人生を送るための環境を構築しています。

また、当社のすべての事業分野（モビリティ、消費財、産業機器、エネルギー・ビルディングテクノロジー）は、益々ソフトウェアに依存・定義されるようになっています。今私たちは、フィジカルな世界からサイバーフィジカルな世界へのシフトを推進していますが、それによって仕事をする場所や時間帯の自由度も高まります。このようなパラダイムシフトを契機に、より多くの女性に活躍していただきたいと思っています。

多様な事業分野や、地域に合わせたソリューションを提供している当社の多様性が、COVID‐19の危機に対抗する力を強めています。私たちは、予想以上に危機を乗り越え、多くの競合他社よりも良い結果を出してきました。これこそダイバーシティが私たちの強みであることの真の証明と言えるでしょう。

《クラウス・メーダー》

シャシーシステムコントロール事業部
事業管理部門長　執行役員

磯部 貴子
Takako Isobe

私は、1995年に現在のボッシュ株式会社の前身である株式会社ゼクセルに入社し、経理部でキャリアを開始しました。男女雇用機会均等法が根づきはじめても、まだ女性のお茶汲みもあった時代でした。大学でも会計学を学んでいたため、当初はマネジメントよりも、会計のスペシャリストとして働きたいと思っていましたが、色々な人と関わるうち、自然と自分のチームを持ってみたいと思うようになりました。

実際にマネジメントになると物の見方も仕事の仕方や内容も大きく違ってくるので、チャンスがあればやってみることですね。キャリアについて「こうでなくては」と一つの選択肢に絞る必要はない、と考えています。

入社6年目の会社が合併するタイミングで、各社の会計システム統合プロジェクトを担当したことは印象的な経験の一つです。作業を一人で抱え込んで大きなミスをしました。同僚に助けられ、もっと早くサポートを求めるべきだった、もっと周りを頼りながらやれば良かったと学びました。

失敗から学ぶというのは本当にあるのだと感じます。

会社は一人で回っているわけではないので、今の立場でも人に頼るべき時は、躊躇せず頼るようにしています。

今は事業管理のマネジメントとして、様々な案件のビジネ

スに貢献できることにやりがいを感じています。

日本人の役員として、世界にメッセージを発信できるのは大きなやりがいですね。責任に押しつぶされそうな時もありますが、責任は働く上でのモチベーションになっています。

若い頃はなりふり構わず仕事をしていましたが、今はリラックスする時間も大切にし、趣味のランニングやゴルフも楽しんでいます。

仕事をする上で心がけていることを、5つご紹介します。

①レベルに関係なく、なるべくバイアスをかけずに話を聞く。②責任を取るべき立場として、受け止めるために強い心をもつ。③失敗を恐れるあまり、今までのやり方を続けるのでなく、失敗しても部下の新しい挑戦を評価する。④将来志向と戦略思考。⑤イノベーティブなアイディア。④と⑤については、私自身、もっと強化しなければならないと思っています。

これからの夢としては、日本からリーダーとして世界に出ていく人が益々増えるように、日本のボッシュ・グループをより強い組織にしたいですね。ボッシュはグローバルでも日本でも、色々な可能性がある会社ですし、様々な変化に前向きに取り組んでいる会社なので、ボッシュでキャリアを重ねてきて良かった、と感じています。

《磯部貴子》

パワートレインソリューション事業部
電動パワートレイン事業室ゼネラルマネージャー

西倉 万里

Mari Nishikura

大学を卒業後、外資系企業での購買エンジニアを経て転職、その後、携帯電話メーカーのバイヤーや、製品プロジェクトマネージャーを経験した後、２０１５年にボッシュに入社しました。

車載向け電動化部品の開発チーム、高電圧部品のチームマネージャーを経て、２０２０年から現職についています。

まだ成長中の組織のため、日々様々なことが起きますが、一緒に頑張ってくれているメンバーに「組織の成長に関われた。その結果、こんなことができるようになった」「関わった製品が搭載された車が走っていた」「自分が成長できた」と将来、振り返ってもらえるといいなと考えて働いています。

心がけているのは、できるだけ人の話を聞き、自分の考えも伝えることです。良いことも悪いことも話せる雰囲気の組織にすること、それが私の役目だと思っています。

実は、今のポジションのオファーを頂いた時は、初めは冗談かと思っていました。しかし、上司から「自分が思っている以上に、周りはあなたのことを知っているかもよ」と言われて、なるほど、周りを信じてやってみようと思いました。人生は長いので、目の前のことを着実に楽しみながら、チャンスがあったら、挑戦してみるのもいいのではないでしょうか。

特に技術系の分野では、まだ女性の管理職が少ないという

現状はありますが、女性ということを意識し過ぎず、あまり構えずに、まずやってみることを大切にしたいと考えます。

家庭と仕事の両立では、完璧を求め過ぎないことですね。「どちらも100%ずつ切り替える」が理想ですが、忙しくなると、そんなことも言っていられません。子どもが熱を出してバタバタしたり、海外出張から子どものサッカーの試合に直行したり……体力勝負だなと思う時もあります。

ただ、そうした経験をしたおかげで、一人で仕事を抱え込まない、といった仕事の進め方も学べ、お客様も含めて、色々な場面で沢山の方々に助けていただいています。

また、親としては、子どもが成長した時に後悔しないように「これだけは手を抜かなかった」と、家族に対して胸を張れるものを持っていたいと思っています。

ボッシュでは、ナショナリティに限らず様々なバッググラウンドを持つ人たちと働くことができます。そのため、「自分の常識は自分だけのものだったな」と、日々気づかされる事、発見が多くあります。

時には違いから生まれる軋轢や衝突もあると思いますが、ボッシュでは誰もが自分の考えに固執せず、お互いを認め合うことを楽しめていると感じますし、それを楽しめている人たちが、ボッシュで働いているのかなとも思っています。《西倉万里》

モーターサイクル＆パワースポーツ事業部門
マーケティング部広報課 マネージャー

平野 亜実

Ami Hirano

モーターサイクル＆パワースポーツ事業部門
マーケティング部広報課

溝上 祐里子

Yuriko Mizogami

購買部門　副資材購買部
カテゴリーエキスパート

銭 琳

Qian Lin

年齢で可能性を制限されないことは、ボッシュで働く魅力の一つです。マネージャーにと言われた時はまだ20代でしたから、「早過ぎるのでは……」「準備が足りないのでは……」という迷いや葛藤もありました。しかし、周りの後押しのおかげで、新しい可能性に気づくことができました。「自分のコンフォートゾーンを抜けないと、更なる成長はできない」。上司の受け売りの言葉ですが、自分もそう思います。

また、私は仕事をしながら「女性であること」を意識しません。一人ひとりのユニークネスを受け入れてくれるのがボッシュのカルチャーで、誰もがありのままの個性で居続けられる安心感があります。だから私はボッシュが好きで、この会社でキャリアを積んで良かったと思うのです。

JADP（Junior Associate Development Program：社内の若手人材向け育成プログラム）も、良い成長の機会でした。各部署から将来を期待されてノミネーションされてきたメンバーでも、同じタスクに対する取り組み方・考え方が全く異なっていました。メンバーとの熱い議論を通じて、自分のやり方が絶対ではないと気づかされ、多様なリーダーシップスタイルも学ぶことができたのです。個性を活かしたリーダー像を受け入れてくれるボッシュで良かったな、と改めて思いました。

《平野亜実》

ボッシュの魅力は、やりたいことをやらせてくれる自由な社風です。本人にその気さえあれば、年齢や性別にかかわらず、沢山の成長の機会を与えてくれます。

自分にとって殻を破る経験になったのは、入社2年目のドイツ出張です。担当している製品が社内のアワードの最終選考に残り、2週間後のドイツ本社でのピッチプレゼンに呼ばれました。「本社役員へのプレゼンは、自分には荷が重過ぎる」と他の方に頼もうとしたところ、同僚のエンジニアから「君が行くべきだ。なぜトライもしないで諦めるんだ？」と、何度も後押しされました。嬉しかったですし、自分で自分の限界を決めてはいけないのだと学びました。

リーダーシップの面で心がけているのは、まず自分でやってみること。問題を指摘するのは簡単ですが、改善案なしではただの文句になってしまいます。かつて自分もそういう所があって、「そこが改善点と思うなら、まず自分で直してみて」と平野さんに言われ、はっとしました。人に頼む前に、自分ができる精いっぱいをトライすること、そしてそれを楽しむこと。その姿勢が結果的に信頼にもつながると思います。ボッシュは、若手や部下を成長させようと純粋に思ってくださる方が多く、私もそういう人に出会えるからこそ、物おじせず楽しんで仕事をしています。

《溝上祐里子》

北京で電子工学を学んだ後、アメリカでエンジニアリングマネジメントの修士と博士課程を修了しました。インターンや就職活動をするなかで、博士号は私の強みである一方、最初から一分野のエキスパートを目指すと決めてしまうのは、可能性を狭めるように感じていました。そんな時、ボッシュのJunior Managers Program（ＪＭＰ）を知ったのです。ＪＭＰは、ボッシュの将来の経営幹部候補を育てることを目的とした、若手リーダー育成プログラムです。

入社後の２年間で海外勤務を含む４つの部署で働くというのは、可能性を一つの分野に限定したくない私にとって、魅力的なプログラムでした。

私も2年間で、日本の購買部門、本社管理部門、ドイツの購買部門、人事部門と４つの部署を経験しました。

入社前は、自分が人事の業務を経験するなど想像したこともありませんでしたが、このローテーションのおかげで、人事も面白そうという新しい可能性を見つけました。

ボッシュでは、自分が「女性だから」、「マイノリティだから」と特に意識することなく働いています。

育休取得後にマネージャーになった方、フルタイムの方、時短勤務の方と、色々なワークスタイルの先輩がいて、沢山の可能性があるのが、ボッシュのダイバーシティです。

ボッシュは、男性が育休を取得することも珍しくないので、育児とキャリアの両立についての不安はありません。

ＪＭＰのメンバーでも育休を取得し、マネージャーとして活躍している方を間近に見ているのは大きな強みです。

私がボッシュに入社した時は娘が生後5か月で、勤務時間中に数回退席して搾乳する必要がありました。

上司は男性でしたが、事情は自分から伝えました。すると、例えば会議が長引いている時には、上司のほうから「（搾乳のための）一時退席の時間じゃない？」との配慮があるなど、問題なく仕事と両立することができました。

私自身、仕事と家庭を両立する上で必要なことであれば、自分の要求を思い切って伝えることも大切と考えています。

今も娘を育てながら働いているので、17時から21時の間は家事や育児の時間にあて、21時以降に必要に応じて仕事に戻るという働き方をしています。

今後は、博士課程で学んだ強みを活かしながら、その時どきのチャンスや、家庭の事情などの要素を踏まえて、色々な可能性を探っていくのが楽しみでなりません。

ボッシュは、仕事以外にも大事にしたいことややりたいことを伝えて良い風潮があるので、私も自分のやりたいことは率直に伝えるようにしています。

《銭 琳》

gan Stanley
モルガン・スタンレー
12
Morgan Stanley

モルガン・スタンレー・ホールディングス株式会社 代表取締役社長

田村 アルベルト

Alberto Tamura

私は、モルガン・スタンレーに1996年に入社し、株式統括本部長を経て、2019年4月に日本のCEOに就任しました。CEO就任後は、株式部門在籍時から注力していた女性活躍推進に加えて、より包括的なダイバーシティ&インクルージョンの推進を優先事項の1つに掲げて取り組んでいます。

私は、近年日本の金融業界で優秀な人材を確保することが難しくなっていると感じています。そのような状況の中、我々がビジネスを成長させていくための唯一の解決方法とはただ1つ、優秀な人材を惹きつけ、育成し、維持していくことに他なりません。特に人材の維持が最も大切ですが、社員が当社に留まる理由は実に多様です。満足のいく仕事に従事できているか、プロフェッショナルとして成長できる環境にいるのか、尊敬できる上司と働けているのか。このように多様な動機を持つ人材を維持することに対して組織全体で責任を持って向き合い、確実に行動を起こすことこそが、当社のダイバーシティ&インクルージョンの中核にあると私は考えています。

ダイバーシティ&インクルージョンを組織文化として定着させるにはいくつか方法がありますが、当社が最も重要視するのは、社員の誰もが役職や職務に関係なく自分の意見を声

に出し、それを建設的な議論に変えていける環境を整えることです。そのような職場環境を通じて、当社では、今までに無いような革新的なアイデアを生み出し、顧客にソリューションとして提供してきました。まさに85年間のモルガン・スタンレーの歴史で培われた当社のDNAであるとも言えます。

また、多様な意見を得るためには、組織内に異なる考え方や経験を持つ人材が集まっていることが必要です。同質性の高い組織では考え方や物事の見方も単一的になり、新しい発想が生まれる可能性は非常に限られます。多様な人材を採用し、育成する組織であるためには、学歴等の属性に関係なく、優れた実力を発揮できる環境を整えることが重要で、そのために人材の採用や育成に深く関わる管理職層の教育も中長期的に行っています。

これらの取り組みを強化するため、2019年に経営会議直下に「ダイバーシティ&インクルージョン・カウンシル」を立ち上げました。経営会議メンバーでもある3名の共同代表を中心に、各部門の代表者や人事部が一体となって、人材の採用、育成、エンゲージメント、意識向上について社員の声に耳を傾け、フィードバックを得ながら、組織のダイバーシティ&インクルージョンのために必要な施策の立案から実施までを担っています。経営会議との連携も強固で、迅速な意思決定ができる仕組みになっています。ジェンダーに限らず、障がい、LGBT+などへの取り組みも具体化しながら、最終的に当社のすべての社員が「自分の可能性を十分に発揮できる職場である」と感じ、長く組織に貢献できるように環境整備を進めています。

最後に、次世代の女性リーダーに向けて私の考えを述べます。私は、リーダー自らが戦略や計画を練り、イニシアティブを組織全体に卸していくという手法を信じていません。ビジネスの成功を計る上でバロメーターになるのは、組織としての生産性です。従って、リーダーに一番必要な力は、組織の生産性向上のために社員が何を求め、何に満足していないのかということにしっかりと耳を傾け、彼らが最大限の能力を発揮できる環境を作り出すことだと信じています。

《田村アルベルト》

情報技術部長
D&I カウンシルチェア

平井 シャノン
Shannon Hirai

アメリカのコミュニティカレッジ卒業後に来日し、日本の大学に進学して国際経済学とビジネスを専攻しました。就職活動時は、外資系金融機関であれば大学で学んできた分野や英語が活かせると漠然と思っていました。当社の会社説明会では全部門の説明を聞きましたが、中でも情報技術部門の社員がとても魅力的で印象に残ったので、志望部署の1つに選択しました。当時ITの知識が全くなかったので、最終的に採用通知を受け取った時にはとても驚きました。今思えば、ゼロからキャリアを始めたというこの経験こそが、その後20年以上にわたり、常に新しい知識を得て自分の価値を高めていきたいという私の原動力となり、様々な仕事に挑戦し続けてこられたのだと思います。

キャリアの始まりは課題の連続でした。入社直後にニューヨークで参加したトレーニングプログラムで、私の妊娠が発覚したのです。最初に頭をよぎったのは、「私のキャリアは終わった」ということ。東京の上司に電話した時、この事態をどう謝るべきか、退職を願い出るべきかなどと考えながら怖くて震えていたのを覚えています。でも、現実は全く逆で、電話口からは、「何を言っているの? まだあなたのキャリアは始まったばかりなのだから。そして妊娠おめでとう!」という思いもよらない激励の声が返ってきたのです。会社に負担に思われるかもしれないという不安の中での祝福のメッセージだったのでとても心強く、この会社なら頑張れると強く思いました。

家庭と仕事を両立する上で色々な苦難に直面することが何度もありました。ただ、そういうときに会社の福利厚生制度や職場の同僚の包括的なサポートに助けられ、様々なチャレンジを乗り越えることができました。福利厚生においては、制度を利用することに対して上司にどれだけの理解があるかという点も重要です。仕事の割り振りについては、子育て中だから無理させてはいけないという思い込みの配慮をしないよう気を付けなければなりません。私の上司は復帰後の仕事領域に制限を課すことは決してせず、挑戦する機会をたくさん与えてくれました。ここまでのキャリアを築けたのも、上司の信頼や同僚たちの支えがあったからこそだと思っています。

私は過去20年間、新しいことを学ばなかった日は、一日たりともありません。仕事で成長し続けるためには、今自分ができること以上の仕事を引き受けることが一つの鍵です。社員からキャリアについて相談を受けるときには、男女問わず、「自分ができると思うことだけに挑むのではなく、そこからもう一歩踏み出すこと」を奨励しています。

私は女性にアドバイスする際、「あなたは『女性』というマイノリティグループには属しているかもしれないけれど、あなた自身はマイノリティではない」と伝えています。特にITの分野では、女性は少数派ですが、それは決して能力で男性に劣っているという意味ではありません。少数派の人々が集まって、互いに知識を共有したり人脈を広げて団結することで、そこに新たな多数派が生まれます。人間は平等で、かつ多様な存在です。女性がもっと自分を信じ、社会でさらに活躍することを願っています。

《平井シャノン》

資本市場統括本部長
D&I カウンシルチェア

若松 剛

Takeshi Wakamatsu

日本のバブル経済がはじけた直後に新卒で投資銀行部門に入社し、早30年になります。92年ニューヨーク本社勤務、資本市場部に異動。93年に帰国し、以後、株式の引受業務をメインにキャリアを積み、２００８年に資本市場部の統括本部長に就任しました。

投資銀行業務では顧客の企業戦略・財務戦略にかかる多種多様な提案、助言、案件執行を行います。資本市場統括本部は株式、債券および派生商品の引受業務を行う、企業や政府系機関の資本・資金調達の実行部隊です。そのため、様々な顧客のニーズに対し、案件ごとに担当者と「多様な専門分野を持つバンカーたち」でチームを組成し、ソリューションを提供します。ときには東京オフィスだけでなく海外の同僚とも協力します。顧客が資金調達のために発行した株式や債券を株式部・債券部のセールスやトレーダーを通して投資家に販売するため、部署を越えたチームワークも必要です。このように、多方面の協力を得ながらチーム一丸となって最高のサービスを提供するのが我々の仕事です。

チームスポーツをイメージすると分かりやすいのですが、優秀なプロフェッショナルチームは、能力や年齢、国籍など多様なプレイヤーたちで構成されています。投資銀行業務においても同様で、様々な形で変化し続ける市場や法規制に加え、複雑化する顧客のニーズに応えるには、年齢、専門分野、言語、性別など多様な経験と能力が必要不可欠です。また、プレイヤーのポジションや配置をニーズに合わせて適切に考え、個人がフルに能力を発揮し、互いの特性を生かし合える文化を整備することも重要です。私は監督のような立場で日々社員の練習姿を観察し戦略の理解度を高める個別指導などを行っています。また、新しいタイプの人材を見つけて採用し、引き続きベストな金融サービスを提供できるようにチームを常に維持、向上していくというのも、私の責務だと考えています。

私はチームを編成する際、掲げられた目標に向かう上でどういう個性、経験値、知見を持つ人たちが集結すべきかという点を重視するため、ジェンダーや年齢という特性を気にしません。企業のCEOやCFOなどの経営レベルに直接提案・助言する機会も多く与えられますが、最近は若い経営者も増えましたし、提案するのが女性だから、若いからという理由で受け入れられないということは少なくなってきていると思います。そういう意味では、女性は物怖じすることなく自分の特性を発揮することが大事ですし、我々マネジメントには性別や年齢を問わず均等に活躍の場を与え、障壁があれば迅速に解消することが求められます。これにより、優秀な人材が働きやすい職場環境が創り出され、彼らを維持できる良いサイクルが作られると考えています。

これから女性リーダーを目指すのであれば、早い段階で自分がどういう仕事に向いていて、他者から見た自分の強みが何なのかを分析するとよいと思います。人は専門分野を持つと飛躍的にキャリアを構築できます。力を発揮できる人材になるために、様々なことに挑戦する機会が誰にでもある環境を見つけ、自分の成長を感じながら活躍の場をどんどん広げていって欲しいです。

《若松 剛》

債券統括本部長
D&I カウンシルチェア

橋本 幸子

Yukiko Hashimoto

人事部長

池垣 真里

Mari Ikegaki

12 モルガン・スタンレー

私はキャリアの半分を海外で過ごしました。海外にいた頃は、女性が様々なレベルで活躍していて、女性がマイノリティであるということを意識せずに仕事をしていた気がします。ですが日本で働くようになって、女性が働くための社会的サポートが海外と比べて少なく、文化的にも女性が母として、妻としてキャリアよりも家庭を主に担うべきという考えがまだ根本にあるように思います。そのような日本社会にありながら、当社では長年にわたって性別を問わず人材を採用し、育成してきました。結果として、様々なキャリアを持ち、様々なライフステージにいる女性ロールモデルが多数活躍しています。キャリアを模索する女性にとって、女性取締役のようにキャリアを昇りつめたロールモデルに出会うことも大切ですが、今から5年後の自分自身を思い描けるような身近なロールモデルの存在があることも、自分のビジョンを見極める上で同じくらい大切なのではないでしょうか。

また、育児休暇から戻った社員が１００％の力ではまだ働けない場合にチームが補って支え、逆にその社員が１００％あるいはそれ以上の力が出せるようになったらチームの支えになって貢献しようとするように、チームワークの文化があることも当社の強みです。このような強みがあるからこそ、当社には女性が女性であることをむしろメリットとして活かせる方法がいくらでもあると思っています。金融業界を見渡すとまだ女性は少数派かもしれません。でも、私自身がそうであったように、少数派だからこそ覚えてもらいやすいとか、インパクトを与えられる可能性が高いとか、状況を逆手にとって前向きに挑戦するように女性社員には促しています。また、男性社員に対しては、「自分の妻や娘が社会に出て活躍するためだったら、あなたはどのようにサポートしますか」と日ごろから質問するようにしています。自分の家族に置き換えることで、課題が身近になり、それを同僚や部下に当てはめて考えることができますよね。私はリーダーとして、透明性が高く、チーム全体に行き渡るコミュニケーションを心掛けながら、女性の活躍を後押しし、お互いを受け入れるインクルーシブな文化をさらに強化していきたいです。

これからは男性も女性も自分に合った働き方を見つけることがとても大切になると感じています。ライフステージに合った働き方を見つけたり、自身の目標に照らして仕事と趣味のバランスを調整したり、そしてそれがいつも同じなのではなく時間の経過とともに変化してもよい。自分に合った働き方があることで仕事に打ちこむことができますし、長期的なキャリアの成功につながるのではないでしょうか。

《橋本幸子》

私は新卒として当社の債券部へ入社し、営業アシスタントからキャリアをスタートしました。その後、海外転勤になった夫に同行しシンガポール、シカゴと移住、帰国後再雇用してくれたのが古巣の債券部でした。その4年後に社内異動で人事部に。気づけば人事部でのキャリアも20年以上になります。復職当時は、5年間のキャリアブレイクにかなりの焦りがありました。その後の異動についても、人事の経験がなく、一から学び直しました。このような自分の経験を振り返ると、常に新しい挑戦の機会や成長の機会を与えてくれる会社だと実感します。

当社は「一人一人の社員が、自分の力を最大限発揮できる環境」を目指しています。人事部では変化する個人の状況やステージに対応できる制度を提供しています。制度設計においては、コアな部分を定めた後は、柔軟に運用できる幅を持たせています。例えば「在宅勤務」や「時短勤務制度」は子育てをサポートするだけでなく、介護や自分の体調、勉強、家族との時間等、社員がその時々に必要とするニーズに合わせて対応できます。また、インクルーシブな環境を作り理解を深めるために、障がい、不妊治療、性転換などをサポートするガイドラインも作成しています。福利厚生やガイドラインは、社員が遠慮なく利用できてこそ。経営陣や上司からのメッセージ発信も大切です。各部署にアンバサダーを置いて対話を促進し、取り組みをシェアしてもらうこともあります。

コロナ禍においては、当社の強みである企業文化、特にコアバリューの中でも挙げられている「イノベーションの推進」が最大限発揮されたように感じます。当社では2020年の初春に一斉在宅勤務を開始、以前から一部では利用されていたリモート環境が全社で稼働し始めました。未曾有の状況に対応するための新たなアイデアやプロセスが迅速に導入され、ビジネスの効率性を失うことなく、柔軟な働き方を可能にしました。現在（2021年1月）でも約8割弱が在宅勤務を継続しており、在宅勤務に懐疑的だった社員やお客様のメンタリティーが大きく変わりました。また社員には「あなたと、あなたの家族の安全と健康が一番大切」と発信し続けています。このスピード感と柔軟性は私たちの強みです。

次世代の女性リーダーへのメッセージとしては、挑戦する機会が与えられたら迷わず取って欲しいということです。やればきっと出来るのですから。そしてキャリアを長く築いて欲しい。社会が無意識に女性に期待する社会的役割や先入観にとらわれることで自分の可能性を閉じ込めるのではなく、ポジティブに、積極的に、しなやかに、あなたの人生を楽しんでください。

《池垣真里》

おわりに

最後まで読み進めて頂き、まずは心から感謝を申し上げます。この書籍を手に取って頂き、本当にありがとうございました。

我々はコロナ禍の1年をかけてこの書籍を制作して参りました。書籍の主旨にご賛同下さった企業の方々と何度もお話をし、ダイバーシティ&インクルージョンに関してどんな想いを持っていらっしゃるか、組織内にどんな知見が蓄積されているかなど、様々な角度からアプローチすることで、そう簡単には知り得ることのできない、各企業の素晴らしい財産をここに集積させて頂くことができました。心の底から嬉しく思い、感動しています。

ご協力頂きました全ての方々に感謝申し上げます。

我々は出版にあたり、何度も何度も原稿を読み直しました。ここに現れている、これからの日本にとって大変貴重な指針となる情報の数々を、一つ残らず的確に間違いなくお伝えするために。

その作業をする度に感じていたことは「日本はこれからダイバーシティにおける大きな変

革が起きていく」という予感でした。先進国であるにも関わらず、ジェンダーギャップ指数のランキング順位が異常に低いことがよく取り上げられ、〝女性活躍を推進しなければならない〟という、一種の義務感で巻き起こっているムーブメントであるなら、こんなに悲しいことはないと内心思っていましたが、それは単なる杞憂に過ぎませんでした。

企業という大きな場所だけでなく、そこに生きる様々な方々が多様性を大事にしていくことの価値を感じ、能動的に、積極的に行動を起こしていることがあまりにも明確に見て取れたからです。

そしてその結果が、自身やそのコミュニティを円滑で、快適で、発展性のあるものにした経験となり、伝播していくのは明らかです。この手応えを感じられただけで、この書籍を世に送り出した意味がありました。

また、本書の中で改めて記したい、とても印象的なフレーズがあります。「コロナ禍でもダイバーシティ&インクルージョンは投げ出されるものではない」。まさに、先述した予感とリンクしています。

ダイバーシティは人々のコミュニケーションの中でその存在感を発揮するように感じますが、リモートワークが主流となり、対面でのコミュニケーションが激減していくと、一見その重要性が希薄になるようにも思えます。しかし実際はその真逆で、環境が変化しているからこそ、これまで通りにはいかない事象を〝多様性の重視〟という目線から考えることで、解決に近づき、新たなセオリーを生み出すことも可能になるのです。「変革の予感」、この言葉に尽きます。

最後に、毎年3月8日は国際女性デーです。1904年の同日にニューヨークの女性労働者が参政権を求めてデモを行ったことを受けて、1975年に制定されました。現在は国連事務総長が加盟国に対して、女性が平等に社会参加できるような環境作りを呼びかける日になっています。この書籍も、女性がより羽ばたける未来へメッセージを込めて、国際女性デーに合わせて出版をさせて頂きました。我々、ザ・ドリーム・コレクティブはこれからも女性のリーダーを支援し、ダイバーシティが様々な組織の中で大きな夢を実現するきっかけとなるよう、日本、そして世界に、持ちうる限りのエネルギーを注いで参ります。

2021年2月

ザ・ドリーム・コレクティブ

ザ・ドリーム・コレクティブ
The Dream Collective

女性リーダー育成に焦点を当てた「ダイバーシティ＆インクルージョン」の実践と促進を専門とするコンサルティング会社。アドバイザリー、研修プログラム、雇用者ブランディングを通して企業をはじめとする組織体と共に取り組む活動を世界規模で展開。

ザ・ドリーム・コレクティブ
https://thedreamcollective.jp

女性が共に、より羽ばたくために

2021年3月30日　初版第1刷

著　者 ―――――― ザ・ドリーム・コレクティブ
発行者 ―――――― 松島一樹
発行所 ―――――― 現代書林
〒162-0053　東京都新宿区原町3-61　桂ビル
TEL／代表　03(3205)8384
振替 00140-7-42905
http://www.gendaishorin.co.jp/
デザイン ―――――― WHITELINE GRAPHICS CO.
編集協力 ―――――― オフィスふたつぎ

印刷・製本　㈱シナノパブリッシングプレス
乱丁・落丁はお取り替えいたします。　定価はカバーに表示してあります。

ISBN978-4-7745-1894-7 C0034